ORIENTAÇÃO EDUCACIONAL
E SUAS AÇÕES NO CONTEXTO ATUAL DA ESCOLA

Dados Internacionais de Catalogação na Publicação (CIP)
(Câmara Brasileira do Livro, SP, Brasil)

Rangel, Mary
Orientação educacional e suas ações no contexto atual da escola / Mary Rangel. – Petrópolis, RJ : Vozes, 2015.

Bibliografia
ISBN 978-85-326-5067-2

1. Diferenças individuais 2. Diversidade cultural 3. Inclusão social 4. Orientação educacional 5. Prática de ensino I. Título.

15-05239   CDD-371.422

Índices para catálogo sistemático:
1. Diversidade social na escola : Práticas educativas : Orientação educacional   371.422

Mary Rangel

ORIENTAÇÃO EDUCACIONAL

E SUAS AÇÕES NO CONTEXTO ATUAL DA ESCOLA

EDITORA VOZES

Petrópolis

© 2015, Editora Vozes Ltda.
Rua Frei Luís, 100
25689-900 Petrópolis, RJ
www.vozes.com.br
Brasil

Todos os direitos reservados. Nenhuma parte desta obra poderá
ser reproduzida ou transmitida por qualquer forma e/ou quaisquer
meios (eletrônico ou mecânico, incluindo fotocópia e gravação) ou
arquivada em qualquer sistema ou banco de dados sem permissão
escrita da editora.

Diretor editorial
Frei Antônio Moser

Editores
Aline dos Santos Carneiro
José Maria da Silva
Lídio Peretti
Marilac Loraine Oleniki

Secretário executivo
João Batista Kreuch

Editoração: Gleisse Dias dos Reis Chies
Diagramação: Sandra Bretz
Capa: Omar Santos

ISBN 978-85-326-5067-2

Editado conforme o novo acordo ortográfico.

Este livro foi composto e impresso pela Editora Vozes Ltda.

Sumário

Introdução, 9

1 A Orientação Educacional e o *bullying*, 11

2 A separação dos pais, os alunos, a Orientação Educacional, 16

3 A Orientação Educacional nos casos de doenças graves ou morte na família do aluno, 19

4 Orientação Educacional e resiliência, 23

5 A Orientação Educacional no contexto da diversidade, 26

6 A Orientação Educacional e os "diferentes" na escola, 29

7 A Orientação Educacional e as questões sensíveis das identidades de gênero na escola, 32

8 A Orientação Educacional e os alunos com deficiências físicas e mentais na escola, 35

9 Orientação Educacional: princípios e práticas de inclusão, 39

10 Orientação Educacional, Projeto Político-Pedagógico e inclusão, 43

11 A Orientação Educacional e os alunos em situação de risco, 47

12 Orientação Educacional e liderança, 51

13 A Orientação Educacional e a atenção à sala de aula, 55

14 A Orientação Educacional e as relações humanas na escola, 59

15 A Orientação Educacional e a (in)disciplina: o orientador educacional é um "disciplinador"?, 63

16 A Orientação Educacional para o trabalho, 68

17 A Orientação Educacional e os alunos com altas habilidades, 72

18 A Orientação Educacional como especialidade pedagógica, 76

19 Existem "qualidades naturais" que são requisitos ao exercício da Orientação Educacional?, 81

20 A Orientação Educacional como profissão, 85

21 Orientação Educacional: o foco no aluno e seu acompanhamento durante a escolaridade, 90

22 A Orientação Educacional no currículo, 93

23 A Orientação Educacional sobre "como se estuda", 97

24 A Orientação Educacional e as "sessões de estudo" sobre "como estudar", 101

25 A ética na Orientação Educacional, 104

26 Onde está o orientador educacional na escola? Onde encontrá-lo? Qual é o lugar e o significado de seu "atendimento"?, 108

27 O orientador educacional é um "especialista" ou um educador?, 111

28 Dimensões da tutoria como prática de Orientação Educacional nos cursos de graduação, 116

29 A Orientação Educacional na tutoria e na preceptoria no Ensino Superior, 121

Considerações finais, 125

Referências, 127

Introdução

Este livro é parte da produção do Grupo de Pesquisa sobre *Ação docente continuada* (UFF/Uerj/CNPq) e também decorre das recomendações de maior contextualização das ações docentes, ressaltadas nas análises e conclusões da pesquisa sobre *Temas da diversidade social na escola e na literatura*, implementada, com apoio do CNPq, no Programa de Pós-Graduação em Educação da Universidade Federal Fluminense/PPGEUFF. O livro vincula-se, ainda, à produção sobre inclusão socioeducacional, da linha de pesquisa sobre Informação e Educação em Saúde do Programa de Pós-Graduação em Ciências Médicas/PGCM/Uerj e ao Grupo de Pesquisa sobre *Saúde Social*: diversidade, inclusão e resiliência (Uerj/CNPq).

Assim, ao focalizar a *Orientação Educacional e suas ações no contexto atual da escola*, o interesse foi, sobretudo, subsidiar os orientadores e professores que estão assumindo as práticas educativas nos tempos contemporâneos, nos quais a diversidade de situações e problemas lhes trazem desafios e sucessivos apelos às suas contribuições.

Desse modo, contemplam-se, nos capítulos, com aportes, sobretudo práticos, ações requeridas em situações como as de separação dos pais, do *bullying*, das doenças graves ou morte na família, do contexto da diversidade, dos "diferentes" na escola, das questões sensíveis de identidade de gênero, do atendimento aos alunos com deficiências físicas e mentais, das práticas de inclusão, dos alunos em situação de risco, além de outras ações referidas à liderança, à resiliência, assim como à tutoria e preceptoria como formas de Orientação Educacional no Ensino Superior. Esses são alguns dos 29 temas da ação orientadora, e também da ação docente, contemplados neste livro.

Dedico, então, estes estudos e suas abordagens de situações e temas atuais que solicitam atenção no cotidiano da escola (abordagens que se fazem no interesse de trazer subsídios às suas ações) aos orientadores educacionais e, pela natureza das questões e enfoques, que também dizem respeito à docência, às professoras e professores que, como os orientadores, dedicam seu trabalho e parte significativa de suas vidas à proposta de formação humana e emancipação social.

Mary Rangel
mary.rangel@lasalle.org.br

1

A Orientação Educacional e o *bullying*

O *bullying* – seu conceito, seus fatos e atos – vem crescendo nas atenções da sociedade e no discurso acadêmico, assim como nas notícias e relatos divulgados em diversos canais das mídias. Contudo, merece também cuidado o diagnóstico, pouco fundamentado, de situações às quais se atribui a presença de *bullying*. Assim, embora se trate de um problema que merece muita atenção, essa atenção, não só é requerida à observação de fatos e ocorrências, como à compreensão correta e fundamentada do processo de *bullying*, sua concepção, seus fatores, suas circunstâncias.

Entre os vários estudos que oferecem fundamentos e subsídios a diagnóstico e análises, exemplificam-se os de Costa (2003) e Silver e Glinken (2000).

Costa (2003, p. 16), com base em Ferreira (1999), compara o sentido literal de abuso e de maus-tratos, para observar que o termo abuso inclui "[...] prevalecer-se de, aproveitar-se de, praticar excessos que causam ou podem causar dano", assim como fazer uso de palavras para desqualificar, ridicularizar, fazer zombarias, injúrias, insultos, ou "[...] usar mal ou inconvenientemente de qualquer situação de superioridade de que se desfruta" e exceder-se em limites que ultrapassam o respeito pelo outro.

Quanto a "maus-tratos", além de associá-los a processos abusivos, a autora toma como referência a definição literal como "crime":

> [...] crime de quem expõe a perigo a vida ou a saúde de pessoa que se acha sob sua autoridade, guarda ou vigilância, para fins de educação, ensino, tratamento ou cuidados indispensáveis, seja impondo-lhe trabalho excessivo ou impróprio, seja abusando de meios corretivos ou disciplinares (FERREIRA, 1999, p. 1.302, apud COSTA, 2003, p. 16).

Nessas duas concepções de processos, verifica-se que as atitudes abusivas podem também radicalizar-se em ações criminosas. É evidente que a complexidade das evidências e consequências de ambas as situações (abusos e maus-tratos) dificultam graduá-las e defini-las, seja pelo grau de violência e intenções dos autores, seja pelo grau de efeitos nas pessoas vitimadas.

Assim como a compreensão de processos, o seu diagnóstico, especialmente na escola, é complexo, valendo indagar se os professores e os serviços especializados têm condições de identificar a ocorrência de *bullying*, e também apontar, *de modo efetivo,* os autores, os fatores, as circunstâncias, sem estigmatizar os alunos e sem potencializar conflitos entre eles e as famílias.

Do mesmo modo, vale indagar se os orientadores educacionais, que tratam, de maneira mais próxima, de situações que afetam o equilíbrio psicológico e emocional dos alunos, têm condições de diagnóstico claro e preciso, assim como de percepção de fatores e circunstâncias que permitam, com segurança, atribuir a situações de conflitos e dificuldades nas relações a definição de *bullying.* Essas dúvidas sugerem reafirmar que o diagnóstico merece uma análise cuidadosa, que envolva a Orientação Educacional, direção, docentes, funcionários, que observaram as ocorrências sugestivas de diagnóstico de abuso.

Outro cuidado que se recomenda é o de não associar, necessariamente, a ocorrência de *bullying* ao contexto da escola. Essa associação seria mais uma forma de crítica que transfere à escola problemas sociais, admitindo que seja permissiva, contributiva ou reprodutora desses problemas.

Ainda no que se refere a *bullying* na escola, é oportuno considerar que, não só na relação entre alunos, como entre eles e professores e funcionários, podem ocorrer situações de abusos, valendo lembrar, inclusive, casos de violências físicas noticiados na imprensa.

Todos, portanto, alunos, professores, funcionários, submetidos a *bullying*, podem ter prejuízos significativos ao seu bem-estar subjetivo, incluindo consequências na saúde, como disfunções cardiovasculares, e prejuízos ao sistema imunológico (SALOVEY et al., 2000), causados pelo estresse consequente a situações abusivas que sofreram. E o bem-estar subjetivo inclui, segundo Ryff (1994), autoestima, autoaceitação, autodeterminação, confiança em relações sociais positivas, orientadas pelo respeito, qualificação e acolhimento.

Finalmente, considerando os aspectos que problematizam a complexão de fatores, diagnósticos e ações da escola, é oportuno recomendar à Orientação Educacional o diálogo tranquilo com alunos, famílias, professores, funcionários e, se necessário, é recomendável também uma consulta ao Conselho Tutelar, que tem sido um *fórum* competente para auxílio às escolas.

Entre as propostas de medidas preventivas possíveis de serem adotadas pela equipe diretiva, pela Coordenação Pedagógica e pela Orientação Educacional, encontra-se a criação de um grupo, comitê ou comissão, no intuito de constituir uma instância que receba e investigue as queixas e denúncias e adotem medidas como as que se seguem:

- propiciar o encontro e diálogo com quem exerceu e sofreu abuso e seus familiares;

- estabelecer critérios e meios de identificar os responsáveis por abusos;
- prover acompanhamento e aconselhamento das pessoas envolvidas;
- proteger a privacidade dos estudantes e professores, mantendo em caráter confidencial as informações referentes aos casos de abuso, evitando comentários ou retaliações;
- estimular as vítimas de abusos a recorrerem a sistemas e grupos de apoio, como a família, amigos, professores, psicólogos (COSTA, 2003).

Entretanto, ao analisar o abuso, a constatação de suas possíveis ocorrências, a complexidade de diagnóstico, fatores e efeitos, reafirma-se, sobretudo, a confiança nas contribuições da Orientação Educacional, das coordenações, dos docentes, através de sua observação sensível e atenta dos eventos cotidianos e de suas possibilidades de incentivar a aproximação, o acolhimento e o diálogo.

2

A separação dos pais, os alunos, a Orientação Educacional

Nos fatos e na literatura encontram-se análises sobre circunstâncias, fatores e efeitos existenciais, afetivos, psicológicos, da separação dos pais: efeitos no casal que se separa, efeitos nos filhos, efeitos na conformação atual da família. Esse conjunto de efeitos se associa, potencializando-se mutuamente.

Vale lembrar a expressão de um aluno do 2º ano do Ensino Fundamental de uma escola da rede municipal do Rio de Janeiro. A expressão (a fisionomia, o olhar) desse aluno, com apenas 8 anos de idade, demonstrava uma profunda tristeza. A professora, então, solicitou o auxílio da orientadora educacional e, com a mesma expressão de tristeza e medo no olhar, o aluno disse à orientadora o que já havia dito à sua professora: "Vai acontecer uma coisa muito ruim lá em casa... muito, muito ruim!" Poucos meses depois, essa "coisa muito ruim", conforme ele percebia e lhe causava sofrimento, realmente aconteceu: os pais se separaram.

O sentimento de "perda" pela desunião do casal, o sentimento de "perda do pai", que saiu de casa, o sentimento de frustração, por "não ter ajudado, ou até ter colaborado para essa separação", compõem um cenário sombrio e confuso de ideias que invadem o pensamento dos filhos, prejudicando, inclusive, sua autoestima.

O que podem fazer o orientador, a orientadora educacional? Não há resposta simples, mas há um núcleo principal de atenções e atitudes que facilitam e promovem a relação de ajuda. Nesse núcleo encontram-se, essencialmente, o afeto, o diálogo, o conhecimento que esclarece o significado da família, ressaltando que ela permanece, na presença e no amor dos pais, para além da sua separação.

Em síntese, em meio a tantas ideias e sentimentos confusos que se misturam na mente e na sensibilidade de crianças, jovens, adultos que, encontrando-se na escola, requerem a atenção do orientador, da orientadora educacional, o que se propõe é, sobretudo, o acolhimento afetivo aos alunos e o diálogo que os auxilie a se tranquilizarem, reduzindo a dimensão da tristeza, da frustração, da culpa, do medo e do sentimento de perda. Nesse diálogo, construído com muito afeto, mas também com firmeza, com segurança, o orientador, a orientadora podem argumentar sobre a permanência do amor e da presença do pai, da mãe, em suas vidas, apesar de separados.

E, então, através do diálogo e do afeto, podem ser fortalecidas compreensões importantes, como a de que a separação dos pais tem fatores deles próprios, de suas decisões, e que, principalmente, a separação não só não envolve os filhos, como não ocorre na sua relação com eles. A separação, enfim, é do casal, mas não do pai, da mãe com seus filhos, com os quais manterão proximidade, companheirismo e amor.

Por isso, esses argumentos e estímulos do orientador educacional também serão incorporados ao diálogo com os pais, enfatizando a importância de que falem e demonstrem claramente, a seus filhos, que estarão sempre com eles, com o mesmo amor, a mesma presença, o mesmo cuidado. Da mesma forma, esses argumentos serão a substância e a proposta do diálogo dos orientadores com os professores, cujas palavras e atitudes se acrescentam às dos pais, com mais possibilidade de auxílio eficaz do que livros instrutivos que se adotem na escola, embora, a partir de um exame criterioso do valor pedagógico e da qualidade e consistência de seu conteúdo, possam ser utilizados como recurso didático à Orientação Educacional, à direção, coordenações e equipe docente da escola.

3

A Orientação Educacional nos casos de doenças graves ou morte na família do aluno

As questões humanas, existenciais, fazem parte das prioridades de atenções da Orientação Educacional. Entre essas questões, incluem-se as doenças, particularmente em casos graves, ou mortes de pessoas da família: mães, pais, avós, tios, enfim, todos os que estão próximos e participam da vida, da convivência dos alunos.

Entre os fatores que influem no desempenho do aluno encontram-se, portanto, situações que envolvem os problemas que afetam a família e, entre eles, as circunstâncias e consequências dos problemas de saúde ou morte.

O que primeiro se realça em questões dessa natureza é a importância de que a Orientação Educacional observe ou receba dos professores observações sobre qualquer tipo de mudança de comportamento do aluno. Essa atenção é própria da docência e da orientação.

No olhar, na atitude do aluno, no silêncio, pode se expressar a diferença de sua atitude habitual e, nessa diferença, o possível desânimo, a tristeza, a crescente dispersão, que sinalizam, sobretudo, *a importância do diálogo.*

A atenção a esse aluno é parte fundamental do ato educativo, em uma de suas dimensões mais significativas: a dimensão humana. A proximidade da professora, do professor, demonstrando que estão atentos ao aluno, que estão a seu lado, que estão dispostos a dialogar com ele, a apoiá-lo, é um valor da docência.

À orientadora e ao orientador educacional ficam, então, como princípio e proposta, esclarecer os docentes sobre o valor de sua atenção a atitudes dos alunos que possivelmente despertem estranhamento. O cuidado especial dos orientadores educacionais com o aluno que esteja vivenciando uma situação de doença grave ou morte na família não é somente importante, como também um pré-requisito e uma parte substantiva da natureza da função orientadora.

E no diálogo dos orientadores com os alunos, particularmente em casos de perda de pessoa da família (uma perda cuja dimensão será tanto maior quanto maiores forem os vínculos e o efeito da ausência), é oportuna a consideração ao princípio de que há um tempo natural de luto, mas também um tempo de ir, aos poucos, superando a dor e continuando a viver. Nesse sentido, o estudo da resiliência traz subsídios relevantes aos orientadores, porque traz um conhecimento significativo sobre a superação, a continuidade da vida, a possibilidade de reestruturação e recomposição psicológica, emocional.

Além do diálogo e do estudo da resiliência, como processo de reação positiva a perdas, traumas, frustrações, vale também considerar a dimensão espiritual da fé, que anima a esperança na "vida para além da morte", que é tema e título das reflexões de Leonardo Boff (2002), contemplando o valor da religião, do "religar" do ser humano com o infinito.

Fica, portanto, aos orientadores educacionais, ao final deste segmento, especialmente sensível e complexo, de sua atuação em casos de doença grave e morte, um trecho das reflexões de Boff:

> Todas as religiões constituem a matriz da esperança, porque nelas se colocam e se respondem às perguntas: Que será do homem? Que será do mundo? Como será o pós-morte? A religião não tem a ver tanto com aquilo que está para além da história. Ela pretende saber alguma coisa do futuro; articula-o dentro do presente e implanta esperança no coração inquieto (BOFF, 2002, p. 22).

Com essa reflexão deixa-se aos orientadores educacionais algo a ser objeto de diálogo com os alunos, no sentido de animá-los e de acreditarem na criação eterna de Deus, uma criação que vai além da materialidade provisória, para alcançar a dimensão da eternidade e, como diz Boff (2002, p. 22), "[...] implantar esperança no coração inquieto".

4
Orientação Educacional e resiliência

A resiliência traz à Orientação Educacional duas vertentes de análises e ações: a da condição pessoal de superação de circunstâncias traumáticas e, em seu efeito social, a da possibilidade de usar essa condição como estímulo e exemplo que possam auxiliar outras pessoas a acreditarem e investirem nessa possibilidade de prosseguirem suas vidas, seus estudos, trabalhos, realizações.

A Orientação Educacional é mediadora de pessoas e situações que poderão incluir, em seus fatores de tensão, perdas e frustrações, decorrentes de doenças, mortes, separações de casais, *bullying*, além de outros fatores que surgem no movimento da vida e das ocorrências inesperadas que afetam alunos, professores, funcionários, famílias. Os estudos sobre resiliência poderão, então, auxiliar os orientadores, inclusive oferecendo incentivos e exemplos de casos especialmente úteis ao diálogo.

A experiência de Claudio Ramirez, relatada no livro *Bullying – Eu sobrevivi* (2011), é um dos exemplos de

• 23

superação. Trata-se de alguém que, por ser gago, portador de dislexia fonética severa, passou, desde a infância, na escola, por situações de significativa desqualificação, mas prosseguiu, tornando-se, inclusive, professor de Gerenciamento e Liderança, Relações Interpessoais e Jogos Empresariais, além de palestrante, requisitado, com frequência, em eventos sociais. Esse e outros casos de atitudes resilientes são referências às quais os orientadores educacionais poderão recorrer.

Nas formulações originais da teoria da resiliência em Cyrulnik (2001) encontra-se a abordagem de fatores que contribuem à consideração de processos grupais, coletivos (e não apenas individuais) de atitudes resilientes.

> Não somos senhores das circunstâncias que plantam em nossas almas o sentido que atribuímos às coisas. Resta-nos, porém, um pouco de liberdade quando agimos sobre a cultura, a fim de que os feridos possam retomar um neodesenvolvimento resiliente (CYRULNIK, 2001, p. 14).

Henderson e Milstein (2005, p. 27) colaboram à consideração da vertente pessoal e social de investigação da resiliência quando, em seus subsídios à construção teórica e conceitual, focalizam "[...] características pessoais e ambientais que diminuem o impacto negativo das situações e condições estressantes". Reafirma-se, portanto, que a resiliência, como reação, exemplo e processo, pode subsidiar a Orientação Educacional na abordagem de condições e circunstâncias que agregam expressivas possibilidades de contribuições humanas e sociais.

Nesse sentido, pessoal e social, Yunes e Szymanski (2001) observam, no sujeito resiliente, as condições de flexibilidade e reflexão sobre si mesmo, associadas à reação a fatos e circunstâncias no seu entorno, geradores de tensões e perdas.

Grotberg (1985, 2006) adota a mesma perspectiva, ressaltando, nas atitudes resilientes, a resistência, superação, persistência, foco em objetivos. A força de transformação, com possíveis efeitos sociais, é também sinalizada por Tavares (2001, p. 21), quando observa, no significado da resiliência, a condição de "[...] resistir sem partir, no sentido de mobilizar todo o potencial de seu ser, querer e ter para mudar, transformar e, porventura, transmutar as situações, mais ou menos adversas, para melhor".

Assim, Tavares (2001) se associa a estudos como os de Cyrulnik (2001), Yunes e Szymanski (2001) e Grotberg (1985, 2006), cujos aportes referendam, na compreensão da resiliência, a superação e enfrentamento de situações e fatores adversos à qualidade de vida, em nível pessoal e social. Os estudos de resiliência são, desse modo, para os/as orientadores/as educacionais, fontes significativas de dados para a relação de ajuda, que é própria da natureza de sua função.

5

A Orientação Educacional no contexto da diversidade

A Orientação Educacional, historicamente, tem atuado no contexto da diversidade, seja porque se trata de uma característica do mundo, da sociedade plural, seja porque a Orientação, por sua natureza, por sua razão de ser, por sua motivação, origem e finalidade, implementa processos essencialmente inclusivos e reage a atitudes excludentes, que se opõem à autonomia e à afirmação dos sujeitos, considerados "estranhos" por diferirem de padrões hegemônicos, prefixados. Essa proposta inclusiva permanece e se consolida na Orientação Educacional.

Os avanços na discussão social e política da diversidade a confirmam como valor e essência da pluralidade social e como referência à inclusão, a ser considerada nos princípios e práticas da educação e dos educadores, em todas as suas ações, inclusive as da Orientação Educacional.

Nessa mesma perspectiva se deu o avanço do conhecimento e o consequente avanço da consciência do valor

26 •

humano, social e político da diversidade em suas várias e significativas expressões e relevâncias para a democracia e a vida cidadã.

O valor humano e sociopolítico da diversidade se expressa na variedade de formas singulares de *ser* no mundo, de estar e se relacionar nos espaços coletivos, de reconhecer-se como pessoa, que tem semelhanças e diferenças em relação às demais, mas também a certeza de que não é menor ou maior na escala social, devido a essas diferenças.

O valor da diversidade e do reconhecimento e respeito às singularidades humanas se associa à consideração de que os sujeitos sociais são sujeitos de direitos, entre os quais o de serem qualificados, respeitados, assim como de pertencerem a um grupo, a um coletivo, a um ambiente de estudo, de trabalho, de realizações. O pertencimento é próprio da convivência, que significa viver com e não à margem dos demais.

A importância da diversidade é realçada numa sociedade saudável, que incorpora as nuances amplas e plurais das expressões humanas, entendendo-as como fontes e formas de aprendizagens e de alternativas de percepção e criação de novas ideias e ampliação de relações que privilegiam e favorecem a autonomia e a liberdade. A consideração a todas as formas de expressões humanas implica preservar, como princípio ético e democrático, o tratamento digno e igualitário que deve orientar as relações sociais.

Assim, o valor político da diversidade é fator e princípio das relações que se estabelecem, com respeito e consideração, entre sujeitos políticos que diferem em suas culturas, etnias, religiões, identidade de gênero, características físicas e cognitivas, ideias, ideários, expectativas, crenças, enfim, diferem em suas formas singulares e plurais, mantendo-se como sujeitos políticos, com deveres e direitos de cidadania.

Essas considerações incorporam-se à ação dos orientadores educacionais, às suas observações da ambiência da escola, das relações entre professores, alunos, funcionários, famílias, de modo que, ao constatarem processos excludentes, ironias, afastamento e isolamento de pessoas, possam intervir com segurança, tranquilidade, firmeza e convicção dos princípios que orientam a inclusão, a autonomia, a igualdade de direitos.

6
A Orientação Educacional e os "diferentes" na escola

Volta-se ao princípio de que, por conceito, natureza e proposta, a Orientação Educacional é um serviço destinado a toda comunidade educativa, ou seja, docentes, funcionários e, com especial atenção, alunos e famílias. A atenção aos alunos visa, sobretudo, contribuir ao seu aproveitamento escolar, à sua permanência prazerosa na escola, sentindo-se incluídos e respeitados em sua autonomia.

Quando se trata de inclusão, é relevante considerar as críticas que a associam à dominação e subalternidade. Incluir seria, então, submeter o "outro", o "diferente". Contudo, embora não se possa desconhecer ou desconsiderar a crítica, o que se realça na educação inclusiva e na Orientação Educacional que a assume e pratica é a inclusão pautada no respeito, no reconhecimento do expressivo valor social das singularidades dos seres humanos, com suas formas de inserir-se no mundo e nas relações sociais, com sua história, sua narrativa, sua cultura.

Desse modo, será sempre oportuno lembrar, no interesse de que seja reafirmado, o princípio de que inclusão é tema fundamental dos critérios e práticas orientadoras.

Vale também, no interesse de reafirmação de princípios, lembrar que a pluralidade é característica do ambiente social e fator de uma sociedade saudável, tanto porque as relações serão orientadas pelo acolhimento e respeito às diferenças, como essas diferenças serão compreendidas como formas de evolução do conhecimento sobre os seres humanos, o mundo, a vida, as ideias, as novas alternativas solidárias de convivência.

A escola, como ambiente social que, não só é (deve ser) saudável, e como espaço plural de aprendizagens e avanços do conhecimento, é essencialmente inclusiva. Nesse espaço, as diferenças são acolhidas. É nesse mesmo sentido que se move a Orientação Educacional.

São diferentes (e de significativa contribuição) ao ambiente e propósitos socioeducacionais da escola, os alunos de diversas etnias, raças, culturas, características físicas e mentais, e também aqueles alunos que têm características diversas relacionadas às identidades de gênero.

Além de todas essas diferenças (e além de outras que não foram mencionadas na complexidade e amplitude de seus temas) é oportuno também considerar as nuances decorrentes de estilos cognitivos, aptidões maiores ou menores para determinadas áreas de conhecimento, aptidões maiores ou menores para a concentração necessária ao estudo, enfim, diferenças que influem em fatores e contingências de aprendizagens com maior ou menor facilidade.

Nas interfaces dessas diferenças, e mantendo o princípio da inclusão, reafirma-se que o orientador educacional estará atuando com o propósito de auxílio ao aproveitamento escolar dos alunos e ao alcance do conhecimento, que é seu direito de cidadania.

A partir, então, do princípio e proposta de inclusão, o diálogo entre orientador e aluno, orientador e família, será meio e mediação que se exercem em favor da confiança na premissa e valor de que todos são capazes de aprender e de que as diferenças não são obstáculos, mas, ao contrário, são possibilidades de aprendizagens a serem consideradas e valorizadas.

Pelas suas diferenças naturais, alguns alunos necessitarão de auxílio e de maior atenção dos orientadores educacionais. Essa atenção será, com certeza, gratificante para ambos, orientadores e alunos, que estarão mais próximos, construindo, com solidariedade e afeto, os caminhos de acesso ao saber.

7

A Orientação Educacional e as questões sensíveis das identidades de gênero na escola

Os temas das identidades de gênero trazem à Orientação Educacional questões sensíveis, que se inserem no campo da diversidade e da inclusão. Retomam-se, então, desses dois campos, análises que auxiliam os orientadores na mediação e no diálogo com alunos, professores, funcionários e pais. Entre essas análises, destacam-se, neste segmento de reflexões, as questões da visibilidade, da compreensão mais ampla e fundamentada, realçando-se, ainda, a questão das relações de respeito e consideração aos direitos humanos e políticos a serem preservados, assim como da superação de estigmas, de preconceitos e estereótipos, necessária à superação do *bullying* homofóbico.

A questão da visibilidade envolve dois tipos de abordagem. A primeira é a de que hoje, mais que em anos anteriores, os sujeitos que não correspondem a padrões heteronormativos de identidade de gênero desejam tornar-se aceitos, sem serem rejeitados, ironizados. A segunda diz respeito ao silêncio e invisibilidade que eles e elas frequentemente se impõem para não serem reconhecidos no ambiente escolar. A Orientação Educacional vai lidar com ambos os casos que, embora diferentes, como opções de inserção na escola, requerem a mesma atenção dos orientadores no enfrentamento de atitudes excludentes e discricionárias, que têm causado, inclusive, expressivos índices de depressão e suicídio (SILVA JUNIOR, 2013).

Os subsídios dos orientadores educacionais incluem também, na sua ação mediadora, no seu diálogo, no processo educativo, próprio de suas funções, o entendimento, baseado em estudos, dos fatores inerentes às identidades de gênero, de modo a evitar equívocos que as associam a opções pessoais, ou a escolha pessoal, ou a doenças contagiosas a serem tratadas, ou a desvios de conduta a serem corrigidos ou punidos. Na verdade, trata-se de uma forma de ser, que tem fatores genéticos, assim como tem expressivas possibilidades de realizações humanas, culturais, políticas, de trazer, com sua presença, aos ambientes sociais, entre eles a escola, contribuições significativas.

Reafirma-se, então, a importância das relações de respeito aos direitos humanos, de cidadania, a serem assegurados, assim como a superação de estigmas, preconceitos, estereótipos, que justificam discriminações, ironias, chacotas, isolamento.

As tensões geradas por preconceitos têm levado, não só no Brasil, como em outros países, a graves violências físicas e também simbólicas, decorrentes de atitudes discricionárias, explícitas ou camufladas, assim como têm, como se observou no estudo de Silva Junior (2013), levado a altos índices de suicídios, não só de adultos, como de adolescentes.

Os orientadores educacionais estarão, portanto, diante de um conjunto de questões complexas que desafiam a educação inclusiva, e estarão também preparados para receber, com o mesmo acolhimento e diálogo, que caracterizam sua forma de atender a todas e todos que integram a comunidade escolar, àqueles e àquelas que, no contexto da diversidade sexual (seja na condição de alunos e alunas, ou de pais e mães, filhos e filhas adotados) procuram a Orientação Educacional e contam com sua presença, apoio e escuta sensível nos ambientes da escola.

8

A Orientação Educacional e os alunos com deficiências físicas e mentais na escola

São diversas as síndromes decorrentes de disfunções ou deficiências físicas, mentais, cognitivas. Assim, o espaço da escola, como espaço de vida, acolhe alunos com dificuldades de locomoção, ou de atenção e elaboração cognitiva do conhecimento em ritmo requerido pela sequência dos programas. E chegam, então, ao espaço escolar os cadeirantes e também os que têm comprometimento físico severo.

Os orientadores educacionais estarão, portanto, nesses casos, exercendo, por princípio e por função, ações mediadoras em prol de práticas e relações inclusivas nos ambientes da escola e da sala de aula. Essas ações são destinadas aos alunos, de modo geral, e ainda aos professores, aos funcionários, aos pais.

No caso dos cadeirantes, os orientadores estarão atentos aos acessos necessários a que se locomovam com faci-

• 35

lidade nos espaços da escola, assim como à orientação de todos da comunidade escolar, especialmente aos demais alunos, no sentido de sua disposição de ajudar e do entendimento de que a ajuda é, mais que uma atitude que beneficia quem a recebe, um ganho, uma satisfação, uma oportunidade expressiva de quem a oferece.

No caso dos que apresentam disfunções cognitivas, serão ressaltados, sobretudo, os valores de sua participação nas atividades da escola e as possibilidades de, não só aprenderem, e serem auxiliados nesse sentido, como também de ensinarem, com sua presença, com o modo como vivenciam suas dificuldades, formas de expressiva importância humana e social, de convivência com as diferenças: uma convivência que traz perspectivas sensíveis de compreender as relações e de reconstruí-las com mais sentido de solidariedade. Esses alunos são "especiais" porque ampliam a visão do mundo, de modos sensíveis de compreendê-lo e de reconstruí-lo com mais humanidade.

As possibilidades desses alunos aprenderem requerem o estímulo dos professores, assim como dos demais alunos com quem partilham as atividades de aula, assim como requerem a atenção dos funcionários, com quem se encontram à entrada da escola, nos corredores, nos pátios, envolvendo ainda os pais, pois a parceria entre a escola e a família é estimulante e fortalece a colaboração, a partilha, a inclusão.

Os recursos de auxílio aos deficientes físicos ou mentais podem incluir, por exemplo, salas especiais com professores e recursos próprios ao seu desenvolvimento, ou mediadores (com formação em pedagogia, ou psicologia, ou fonoaudiologia, conforme o caso), que os acompanhem e incentivem em sala de aula, sem prescindir das atenções de seus colegas e de seus professores, que serão, para esses alunos, exemplos de como agir e comunicar-se, e ainda, da mesma forma, serão parceiros, com quem poderão construir vínculos afetivos sólidos e duradouros.

> Ao chegar à escola a criança amplia o seu mundo social, que adquire maior complexidade e maior intensidade. Seus próprios colegas serão os mais influentes agentes de socialização, instruindo-a através do reforçamento de algumas respostas e principalmente servindo como modelo para imitação e identificação. Assim o orientador educacional deverá ser o articulador do processo de inclusão e integração social desta criança, para que desfrute da igualdade de oportunidade de apropriação do saber, considerando suas diferenças individuais, com vistas à qualidade de sua aprendizagem (MONTEIRO; MARQUES, 2001, p. 57).

Essas, entre outras questões que emergem de uma proposta de inclusão e parceria, traduzem-se em temas da mediação e do diálogo dos orientadores e de suas contribuições a um ambiente de respeito, acolhimento e valorização da alteridade e da *formação humana*, que é propósito e compromisso das práticas educativas.

9

Orientação Educacional: princípios e práticas de inclusão

A proposta de inclusão é ampla, de largo alcance, social, político, existencial. Contudo, embora a palavra esteja crescentemente presente no discurso e tenha um tom agradável, uma expressão sensível, um efeito estético de algo que reúne o belo e o bem, a prática do discurso é complexa, e enfrenta barreiras, tanto visíveis como camufladas.

Além desse aspecto da complexidade da inclusão, ela também tem sido objeto de críticas que a associam à subalternidade dos sujeitos excluídos. Na perspectiva dessas críticas, estar "incluso" poderia significar estar "adaptado" ou "subjugado", reprimido. Contudo, independente de críticas dessa natureza, quando se pensa, propõe e pratica a inclusão, é imperativo reconhecer que ela só será real e efetiva se for preservada a autonomia dos sujeitos, sua narrativa, sua voz, seus valores culturais, seus direitos políticos.

Na relação entre orientadores educacionais e alunos, a inclusão com autonomia e qualificação dos sujeitos implica acolhimento, respeito, diálogo, vínculo afetivo e valorização das diferenças, assim como implica resistência à generalização indiscriminada de preconceitos que as desmerecem e desqualificam.

As diferenças são próprias do espaço público e fatores de saúde social. Uma sociedade saudável caracteriza-se por relações igualitárias, nas quais as diferenças não justificam tratamentos desiguais e são compreendidas em suas expressivas possibilidades de contribuir às relações humanas e de acrescentar aprendizagens, experiências, alternativas de *ser* na riqueza do mundo plural, e de ampliar os horizontes da vida e da convivência.

Assim, na relação entre orientadores educacionais e alunos, estão presentes os princípios do realce à alteridade e à colaboração, que fundamentam atitudes inclusivas, de atenção e promoção do outro, de sua escuta atenta, capaz de entender suas possíveis tensões e as circunstâncias que possam estar prejudicando o seu aproveitamento escolar.

Desse modo, o orientador poderá compreender e auxiliar os alunos na superação de possíveis situações que, por motivos diversos, estejam dificultando a sua aprendizagem, incluindo fatores relacionados a estilo cognitivo e preferência por determinadas áreas de conhecimento, ou a circunstâncias que, também por motivos diversos, possam estar dificultando suas relações com colegas e professores ou, até mesmo, negando o valor e direito de pertencimento à turma, à escola.

Dificuldades de diversas naturezas trazem solicitações importantes à mediação e diálogo que constituem processos e práticas naturais das funções de orientação e da relação construtiva e solidária que os orientadores estabelecem com os alunos.

Assim, a mediação e o diálogo com os alunos, a família, os professores poderão auxiliar a perceber fatores que estejam causando emperramentos à assimilação de conteúdos e desenvolvimento de raciocínios, assim como auxiliar a observar em que áreas esses emperramentos incidem ou aquelas em que possivelmente não ocorram.

Desse modo, os orientadores, como mediadores, estarão atuando em favor da inclusão e poderão também trazer subsídios relevantes a formas de recuperação da aprendizagem e à consolidação, no ambiente escolar, do princípio do direito de acesso do aluno ao conhecimento e do compromisso da escola em garanti-lo.

Da mesma forma, o orientador educacional será um mediador, cuja palavra e empenho se farão no sentido de realçar (também como direito e princípio educativo) o pertencimento do aluno ao ambiente escolar, à turma, à vida e convivência que se constroem nas relações cotidianas da escola.

Quando se trata do pertencimento, é oportuno também refletir sobre possíveis dificuldades dos alunos com altas habilidades e mais agilidade na elaboração do conhecimento e raciocínios intuitivos, seja numa determinada área e lógica de construção do saber, seja, de modo geral, em várias, ou até em todas as áreas do currículo.

Embora não haja uma correlação comprovada entre altas habilidades e dificuldades de pertencimento e inserção nas relações sociais, é recomendável que, na escuta e observação do orientador, haja especial atenção à identificação de alunos com altas habilidades e sua inclusão no ambiente escolar, assim como ao diálogo com a família, no interesse de potencializar as oportunidades de realização pessoal e social desses alunos.

Enfim, a inclusão, o pertencimento e a afirmação do aluno como sujeito de direitos constituem, mais que propósitos e focos do processo pedagógico, essências da missão da escola e, consequentemente, da Orientação Educacional. É *por* e *para* essa missão que se realiza o acompanhamento escolar dos alunos.

10

Orientação Educacional, Projeto Político-Pedagógico e inclusão

O Projeto Político-Pedagógico é um documento de expressivo valor histórico e socioeducacional da escola, no qual se definem os seus fundamentos, seus princípios, suas metas. Tanto na origem como na finalidade, o projeto envolve, sobretudo, partilha e participação.

Cada serviço da escola é contemplado, cada sujeito da escola é contemplado, e assim todos da comunidade escolar podem ter participação ou representação no processo de construção do projeto. Não se propõe, até por bom-senso, que haja sucessivas e infinitas reuniões para as suas definições, mas que todos tenham oportunidade de opinar.

O que se sugere, para maior viabilidade do processo, é que se constitua uma comissão, com representações de todos os segmentos da escola, reunindo e organizando as opiniões sobre os seus rumos e suas diretrizes, construindo-se, então, coletivamente, em cada etapa de ela-

• 43

boração do projeto, um texto para estudo e consulta a toda a comunidade escolar.

> Nessa perspectiva, o Projeto Político-pedagógico vai além de um simples agrupamento de planos de ensino e de atividades diversas. O projeto não é algo que é construído e em seguida arquivado ou encaminhado às autoridades educacionais como prova do cumprimento de tarefas burocráticas. Ele é construído e vivenciado em todos os momentos, por todos os envolvidos com o processo educativo da escola (VEIGA, 2001, p. 13).

O projeto passa, portanto, a ser, não só um documento, mas um texto de estudo coletivo, a ser consultado durante os períodos letivos, e revisitado, a cada ano, de modo que não se percam de vista, da memória, das ações, os seus princípios, os seus parâmetros fundamentais de conduta a serem observados em cada elemento e cada serviço do processo pedagógico.

O projeto é político porque assume metas, princípios, processos de interesse público, ou seja, da *polis*, do povo, da coletividade. Esse interesse é, sobretudo, o de garantir ao aluno o acesso ao saber, compreendendo-se que esse acesso é um direito público fundamental.

O projeto é pedagógico porque é, essencialmente, de formação humana: uma formação que inclui conhecimentos e valores de vida, convivência, participação nos espaços de trabalho, com consciência de direitos e compromissos e com possibilidades de acompanhamento e aplicação dos avanços da ciência e da tecnologia.

> O projeto busca um rumo, uma direção. É uma ação intencional, com um sentido explícito, com um compromisso definido coletivamente. Por isso, todo projeto pedagógico da escola é, também, um projeto político por estar intimamente articulado ao compromisso sociopolítico com os interesses reais e coletivos da população majoritária (VEIGA, 2001, p. 13).

No interesse da formação humana e de conhecimentos e valores que a substanciam, a comunidade escolar incorpora ao projeto elementos importantes da história, da geografia e da economia local, ou seja, do contexto no qual a escola se insere, pois é nesse contexto que as propostas pedagógicas serão definidas e implementadas.

Nas definições que orientam as práticas, conforme são projetadas, incluem-se, entre outras que sejam consideradas relevantes para as propostas específicas de cada escola, em seu contexto:

- a missão e metas da escola;
- a concepção do magistério e do professor-educador;
- a concepção dos serviços especializados de gestão pedagógica da escola e seus planos de trabalho, incluindo direção, administração escolar, supervisão pedagógica, orientação educacional;
- a concepção do aluno-estudante;

- os critérios e fundamentos do currículo;
- os princípios didáticos do ensino e da dinamização das aulas;
- os princípios, práticas e plano de trabalho da secretaria da escola e dos serviços de apoio administrativo;
- os princípios de organização e funcionamento da biblioteca;
- os recursos e serviços de informática e seus usos nas atividades pedagógicas e administrativas.

Essas e outras definições consideradas relevantes pela comunidade escolar são formuladas, de modo participativo, nas projeções da escola, de modo que seja, sobretudo, inclusiva, assumindo a inclusão como proposta emancipadora, de forma que os alunos sejam qualificados como cidadãos a serem considerados em suas singularidades, preservando-se o valor das contribuições das diferenças à vida e à convivência social, e assegurando, sem distinções socioculturais, físicas, cognitivas, o alcance do conhecimento.

Nessa perspectiva, a inclusão torna-se premissa e motivação fundamental do Projeto Político-Pedagógico e, nele, das definições de princípios e práticas da Orientação Educacional.

11

A Orientação Educacional e os alunos em situação de risco

As circunstâncias contemporâneas da sociedade, sejam nos contextos urbanos, sejam nos contextos rurais, trazem à Orientação Educacional enfrentamentos de situações de riscos físicos, psicológicos e morais, vivenciadas por crianças e adolescentes.

As ações que se recomendam aos orientadores têm quatro direções. A primeira é a de que não realizem sozinhos o enfrentamento de situações dessa natureza. A segunda é a de que façam, com tranquilidade e segurança, o diagnóstico da situação, para que, também com tranquilidade e segurança, possam compreendê-la em seus fatores e características de risco. A terceira é a de que revisitem os textos normativos dos Direitos das Crianças e dos Adolescentes, para que tenham clareza das garantias declaradas e dos tipos de situações que contrariam os direitos e requerem ações no sentido de que sejam assegurados. A quarta é a de que, diagnosticada a situação

• 47

de risco, que ela seja informada à direção, coordenações e também ao Conselho Tutelar, tanto pela sua competência nas intervenções junto às famílias e/ou à justiça como por ser instância relevante de apoio à escola.

Nesse mesmo sentido de contribuições à ação e ao diagnóstico dos orientadores educacionais, em casos especialmente tensos e complexos de situações de risco a que estejam submetidos os alunos, reveem-se, em seguida, algumas diretrizes e conceitos (inclusive o de vulnerabilidade social) que se constituem como referências nesses casos.

Quanto ao Conselho Tutelar/CT, são interessantes aos orientadores educacionais as referências, como as de Gebeluka e Bourguignon (2010), especialmente no que concerne à característica não jurisdicional do CT, embora tenha prerrogativa de encaminhar os casos, quando necessário, à justiça. A releitura dessa característica é especialmente útil aos orientadores em suas possíveis recorrências ao Conselho, compreendendo que:

> [...] É órgão público não jurisdicional, que desempenha funções administrativas direcionadas ao cumprimento dos Direitos e Deveres da Criança e do Adolescente, sem integrar o Poder Judiciário. Não lhe cabe apreciar e julgar conflitos de interesse. São ações diferentes e independentes das do Judiciário. O conselho não aplica sanções; se essas forem necessárias, serão encaminhadas pelo Conselho Tutelar ao Judiciá-

rio, através de representação (GEBELUKA; BOURGUIGNON, 2010, p. 551).

Bulhões (2010) assinala um outro aspecto que também é especialmente útil à revisão dos orientadores, no interesse de reafirmar possibilidades de auxílio que pode ser solicitado ao CT: "[...] o atendimento e aconselhamento dos pais ou responsáveis". Esse atendimento tem o objetivo de "[...] reordenar e fortalecer o ambiente familiar, eliminando as situações de risco para crianças e adolescentes" (BULHÕES, 2010, p. 121).

Da mesma forma, a consideração ao significado de vulnerabilidade social é oportuna aos orientadores, quando se trata de riscos a que possam estar submetidos os alunos, particularmente os que vivem em circunstâncias de níveis significativos de pobreza e prejuízo da qualidade de vida, podendo incluir, até mesmo, a falta de habitação, de alimento, enfim, de condições de viver com dignidade e segurança. Vale, então, nesses aspectos de vulnerabilidade, considerar o Estatuto da Criança e do Adolescente/ECA.

O ECA é um documento legal, que detalha, com amplo alcance, questões que envolvem infração e ação judicial. O documento é colocado à disposição das escolas e das entidades de atendimento às crianças e adolescentes e de defesa dos seus direitos. Essa disponibilidade é declarada no próprio texto do estatuto.

Os artigos que introduzem o ECA são particularmente úteis no sentido de situá-lo nos termos que asseguram os direitos e a quem se destinam. Pode-se, então, verificar que a destinação do estatuto é às crianças de até 12 anos de idade incompletos, e aos adolescentes, entre 12 e 18 anos, podendo, em casos excepcionais, estender-se a pessoas entre 18 e 20 anos.

As garantias se fazem no sentido de que, em condições de liberdade e dignidade humana, seja assegurado às crianças e adolescentes o desenvolvimento físico, mental, moral, espiritual e social. No interesse desse desenvolvimento, são priorizados os direitos à qualidade de vida, à alimentação, à educação, ao esporte, ao lazer, à profissionalização, à cultura, à dignidade, ao respeito, à liberdade e à convivência familiar e comunitária.

O diagnóstico, pelos orientadores educacionais, de situações de vulnerabilidade social, também demanda consulta ao Conselho Tutelar sobre providências cabíveis. Entretanto, não se pode concluir este capítulo sem registrar que, para além dos limites das ações da escola, a vulnerabilidade social é uma questão de decisões e ações políticas efetivas, no interesse da superação dos fatores sociais e econômicos que estão na sua origem, consequências e circunstâncias.

12

Orientação Educacional e liderança

A liderança compõe-se de decisão, vontade, prática e compromisso. Essa compreensão auxilia a conceber a liderança para além de habilidade inata, no sentido de percebê-la como atitude. E pode-se também compreender que a atitude é móvel da iniciativa de liderar e que a iniciativa é móvel da prática, assim como a prática oferece experiência e a experiência proporciona o desenvolvimento das competências dos líderes.

Acredita-se, portanto, que é liderando que se aprende a estar líder, em função de propósitos e interesses comuns. Com essa percepção da importância da atitude e da prática, que promovem o desenvolvimento de competências, acredita-se que todas e todos que integram um grupo têm condições de assumir funções de liderança e incentivar um diálogo que favoreça decisões e iniciativas no intuito da realização de metas a serem alcançadas.

Outra observação relevante é a de que a liderança do grupo, do coletivo para quem se exerce, não se concentra numa única pessoa, mas se distribui pelas demais que

• 51

participam do mesmo trabalho e partilham as mesmas aspirações. Nesse sentido, pode-se reafirmar que a liderança é, em essência, a atitude de quem propicia um processo participativo e colaborativo e oferece oportunidades de que outras lideranças se formem.

Ao aplicar esses princípios e conceitos à liderança dos orientadores educacionais, encontram-se várias situações nas quais os orientadores se constituem como líderes, com o propósito comum de fomentar processos construtivos e emancipadores de inclusão dos alunos, de seu bem-estar e sua confiança no ambiente e nas relações que vivenciam na escola.

No planejamento do Serviço de Orientação Educacional, incluindo os fundamentos, os princípios, os conceitos, inspirados e movidos pela e para a inclusão, a liderança que se distribui pela equipe favorece a emergência de ideias, alternativas de planejar as ações e de, efetivamente, aplicá-las, prevendo os espaços e circunstâncias nas quais a Orientação possa se exercer de forma inclusiva, não só com os alunos, mas também com professores, funcionários e famílias.

Com essa mesma perspectiva de análise, pode-se recomendar que o planejamento das atividades da Orientação Educacional preveja encontros da equipe, que não necessitam de quantidade, mas de qualidade do tempo de (re)unir e compartilhar. Nesses encontros, surgirão, naturalmente, lideranças que estimulem avanços no processo orientador.

É oportuno também refletir que as possibilidades de emergirem e se exercerem lideranças partilhadas serão tão mais efetivas quanto mais se aceitem as diferenças de ideias e opiniões, assim como se considerem os argumentos que as sustentam.

Ouvir o que o outro tem a dizer, a propor, a apontar, no diálogo entre orientadores, ou entre eles e os alunos, os professores, os funcionários, as famílias, é requisito a que se aproveitem perspectivas diversas, que tenham em comum um mesmo propósito construtivo. Pode-se, portanto, afirmar que o propósito comum favorece o acolhimento de ideias diversas e, associadamente, de diversas lideranças que, tanto podem formular essas ideias, como apontar alternativas de viabilizá-las e concretizá-las na prática.

E assim, em reuniões, sejam com os professores, ou com as pessoas responsáveis pelos serviços da escola, ou com as famílias, cada orientador educacional estará exercendo um estilo de liderança que é representativa de toda a equipe de Orientação Educacional, e assim, suas percepções, suas análises, seus argumentos estarão fundamentados e fortalecidos por objetivos comuns. Esses objetivos comuns serão tão mais concernentes e coerentes com a natureza da Orientação Educacional, quanto

• 53

mais afinados e comprometidos com a inclusão, em todos os sentidos e possibilidades de que os alunos tenham garantido o seu direito de aprender conhecimento e valores que dignificam a vida e a convivência humana.

Ainda, nesse mesmo sentido, os alunos também aprenderão, com os orientadores, as formas e possibilidades de se constituírem como líderes em seus espaços pessoais e profissionais de convívio e realizações.

Desse modo, os alunos aprenderão, sobretudo, que a constituição de líderes tem, como premissa e propósito, o valor de interesses comuns e a superação de interessismos individualistas e corporativistas. Essa é a proposta de orientar educacionalmente para a liderança comprometida com a inclusão, associada à autonomia dos sujeitos e à emancipação social.

13

A Orientação Educacional e
a atenção à sala de aula

A sala de aula é um espaço significativo e predominante de sistematização do acesso ao conhecimento. Nesse espaço, realizam-se as práticas didáticas de ensino-aprendizagem, que também, dependendo do seu enfoque conceitual e de processo, podem-se denominar como práticas de aprendizagem-ensino, ou ensino-aprendizagem. As diferentes formas de nomear (dar nome) ao processo de ensinar e aprender podem indicar a sua concepção, o seu encaminhamento, e, nele, a inter-relação de propósitos e procedimentos.

Ensino-aprendizagem é expressão que absorve um significado, uma proposta, um compromisso referidos ao princípio de que só será concretizado o ensino se resultar em aprendizagem. Esse princípio é frisado desde a *Didática magna*, primeiro compêndio de didática, escrito por Comenius, nos anos de 1600, com versões publicadas em diversos anos e países, a exemplo da versão brasileira (COMENIUS, 2001). Destaca-se, então, a proposta de um processo didático *"magno"*, amplo, maior, de garantia, também ampla e maior, de acesso de todos ao conhecimento, enfatizando-se o vínculo indissociável entre ensino e aprendizagem.

A *aprendizagem-ensino* é modo de nomear o processo no qual os procedimentos de aprender e ensinar estão interligados. O hífen é um *link*, um elo. Aprendizagem-ensino é modo de dizer que as formas de aprender determinam as formas de ensinar.

Ensino-aprendizagem é nome que define a concomitância dos atos de ensinar e aprender, realçando suas profundas intercessões e intercâmbios, de modo a se constituírem como um mesmo e único processo: ensina-se enquanto se aprende e aprende-se enquanto se ensina, o que significa que o professor estará, durante as aulas, estudando com os alunos. As aulas, com esse sentido e objetivo, são, portanto, concebidas como *sessões de estudo*, com uso de método essencialmente dialógico. As leituras, os exercícios, as exposições dos conteúdos são realizados em comum, e de modo concomitante, por professores e alunos. Essa proposta é desafiadora e requer, sobretudo, inovação e criatividade.

O processo didático de ensino-aprendizagem, ou aprendizagem-ensino, ou ensino-aprendizagem, sistematiza-se, predominantemente, nas relações humanas, nas atividades sociocognitivas e nas relações sociais que ocorrem na sala de aula. E se a sala de aula é espaço de sistematização da aprendizagem de conteúdos, raciocínios e valores (substâncias do conhecimento) e de implementação do currículo, que é objeto dessa sistematização, ela se constitui, consequentemente, como um espaço significativo e necessário de atenção do orientador educacional. A atenção do orientador educacional à sala de aula é, por conseguinte, parte importante de sua atenção aos alunos e seu aproveitamento escolar.

Assim, o tema "sala de aula" é um dos que animam o diálogo dos orientadores com os alunos e, nesse diálogo, os orientadores poderão indagar: Como os alunos estão se sentindo? Que experiências, vivências, sentimentos fluem nesse espaço-tempo de aprendizagens? Como se percebem incluídos nas relações que se constroem nesse seu ambiente diário de convivência e construção do conhecimento? As respostas poderão informar aos orientadores aspectos, meios, formas de auxiliar os alunos nessa construção.

Será, então, estimulante, nas atenções aos alunos, que os orientadores visitem as salas de aula. Essa visita não precisa ser sistemática e muito menos diária, ou significar uma presença durante todo o tempo. O significado literal de "visitar" é apropriado ao propósito do orientador e da sua atenção ao aluno. "Visitar" significa, segundo Luft (2010, p. 676), "[...] ir ver (alguém) por dever, cortesia, afeição ou amizade". Nesse significado literal, encontra-se também, literalmente, o propósito da atenção do orientador à sua "visita" na sala de aula. Essa é mais uma atitude que revela a presença significativa do orientador educacional na vida e trajetória escolar dos alunos.

14

A Orientação Educacional e as relações humanas na escola

A Orientação Educacional tem, seguramente, contribuições de significativo valor para as relações humanas na escola, em favor da integridade da pessoa, do ambiente, da convivência. O diálogo, a presença, a função mediadora dos orientadores educacionais oferecem oportunidades dessas contribuições.

A Orientação Educacional não perderá essas oportunidades no cotidiano de suas ações com professores, alunos, funcionários, famílias, assim como nos encontros de formação docente continuada, nos quais poderá oferecer estudos sobre temas de interesse das relações humanas e seus princípios de aproximação e pertencimento.

Entre os critérios que orientam as relações humanas construtivas nos ambientes sociais, de modo geral, e nos de trabalho, de modo particular, incluem-se os de qualificação do outro, consideração, respeito, parceria, colaboração. Esses critérios orientam as palavras e as atitudes, com especial intuito de que sejam para inclusão,

• 59

evitando-se, portanto, no ambiente escolar, os (mesmos) processos de exclusão encontrados na sociedade, que se traduzem em formas de discriminações, preconceitos, desqualificação, omissões ou indiferença.

A palavra, a comunicação, são próprias do ensino--aprendizagem e do processo educativo de formação humana que, na sua essência, é dialógico. Nesse diálogo, o ato de falar assume uma relevância especial no equilíbrio entre assertividade, convicção, firmeza e flexibilidade. Por isso, é relevante que se mantenha a atenção ao poder da palavra. O realce dessa atenção, em todas as ocasiões possíveis, é um dos subsídios que a Orientação Educacional poderá oferecer à comunidade escolar.

Assim, numa perspectiva de humanização das relações, é oportuno que a orientação estimule a atenção ao fato de que falar é fazer uso do poder da palavra que pode – ou não – ser propulsora de vida, de aproximação, de realizações... de inclusão.

Palavra é responsabilidade de quem a emite; ela vem, primeiro, no pensamento e, depois, expressa-se na escrita, na oralidade, nos gestos, nas atitudes. Na origem da palavra – o pensamento – pode-se confirmar, ou não, o que vai se dizer, pode-se sustentar, ou não, as razões desse dizer e pode-se, refletindo mais fundo, prever os efeitos do que vai ser dito. A formulação das palavras tem, portanto, origem no pensamento e requer reflexão e consciência do seu poder.

O potencial da palavra – de seus efeitos – é expressivo. Palavras geram (re)ações, e seus parâmetros de formulação construtiva são aqueles necessários a que o diálogo possa conduzir o debate, a discussão de ideias, preservando a consideração de quem as emite e observando o fundamento do respeito à alteridade (ao ser e ao dizer do outro), como princípio e premissa de preservação do bem-estar subjetivo e social, necessário ao pertencimento a um grupo, uma equipe de trabalho, a um ambiente institucional. A perda do valor e direito de pertencimento é fonte e fator de frustrações.

Há muitas formas de frustrações. A todas essas formas, o ser humano, com sensibilidade e consciência ética, responde com o conhecimento de si, do mundo, dos princípios inerentes às palavras e atitudes que podem propiciar equilíbrio e satisfação às relações, evitando perdas e assegurando ganhos.

Assim como há diversos níveis e tipos de perdas, há também diversos níveis e tipos de ganhos: um deles é o de pertencer a um grupo, a uma equipe, a um trabalho. O pertencimento a um grupo é fenômeno da vida contemporânea. "Ser" de um grupo é não estar só, é "estar junto" e, por conseguinte, ser e ter companheiros, "estar com"; assim, é ter oportunidade de partilhar (o bom e o ruim), é pisar num chão conhecido, é poder plantar e colher nesse chão, é estar incluído e promover inclusões.

É, pois, um ganho expressivo o de pertencer a uma instituição educativa e, nela, aos espaços de Orientação Educacional, que são "terras férteis" para plantar, colher e acolher ideias, valores, conhecimentos, construídos em favor do ser humano, numa sociedade que se deseja menos excludente, mais solidária, mais tranquila, mais saudável.

15

A Orientação Educacional e a (in)disciplina: o orientador educacional é um "disciplinador"?

O tema da indisciplina requer, preliminarmente, considerar que não cabem à Orientação Educacional ações pontuais de repreensão ou de prescrições de punição a alunos, em casos que envolvem condutas disciplinares. Contudo, não cabe também à Orientação Educacional omitir-se ou desconsiderar o tema no âmbito de seus estudos e de sua ação no processo educativo, orientador.

Em prol desse processo, abordam-se, em seguida, algumas das muitas nuances relativas à indisciplina em toda a sua complexidade de fatores e implicações, que poderão ser objeto de mediação dialógica, própria da Orientação Educacional, com professores, alunos, coordenadores pedagógicos, funcionários e famílias.

Nesse sentido de contribuições, os orientadores educacionais poderão ter, entre as várias referências de princípios, conceitos e encaminhamentos com as pessoas envolvidas nas ocorrências disciplinares, as que se abordam em seguida, no intuito de subsidiar o seu diálogo mediador.

Inicialmente, propõe-se compreender o que é, realmente, uma conduta indisciplinada. Essa compreensão pode ser objeto de estudo em um ou mais encontros de formação docente continuada nos quais se indague sobre quais condutas dos alunos serão, ou não, identificadas como indisciplina. A conversa em aula? Dormir, durante a aula? Solicitar, frequentemente, sair da sala para ir ao banheiro? Não ser pontual ou assíduo? Ou agir e/ou falar de modo agressivo, desrespeitoso, ou mesmo violento, com colegas, professores e funcionários, nesse caso, não só em sala de aula, como em qualquer ambiente ou atividade da escola, como nos corredores, nos recreios, nos jogos, nos eventos sociais?

Quanto aos subsídios da Orientação Educacional a essas indagações, as referências de respostas também são complexas e amplas. Apenas à guisa de sugestão e exemplo podem ser feitas algumas considerações (entre as muitas possíveis) sobre a conversa em aula, o sono, as solicitações frequentes de idas ao banheiro, os problemas de pontualidade e assiduidade, e sobre as possíveis atitudes agressivas ou até violentas.

A conversa em aula pode ser compreendida à luz de vários fatores, até mesmo aqueles referentes aos tempos contemporâneos, nos quais pai e mãe, em função de seus trabalhos, nem sempre estão em casa, quando os filhos chegam. "Ter alguém para conversar", e alguém com quem se estabelece um laço afetivo, como os colegas, é uma das motivações possíveis à conversa, num tempo--espaço expressivo, contínuo e constante, de convivência, como são o tempo e espaço das aulas. Assim, nem sempre a conversa poderá ser uma transgressão disciplinar.

Dormir durante a aula pode ser compreendido como uma decorrência, também comum, não só a crianças e jovens, como a adultos, que, à noite, ficam mobilizados com jogos eletrônicos ou com programas e filmes da televisão, que se constituem, hoje (e crescentemente) como estímulos de expressiva força de envolvimento.

As frequentes solicitações de saída de sala para ir ao banheiro podem ter causas orgânicas, ou, até mesmo, decorrerem de uma possível necessidade que o aluno sente de movimentar-se, o que não representa, literalmente, uma transgressão disciplinar.

Não ser pontual e assíduo pode também não ser apenas uma decorrência da vontade dos alunos, mas de problemas relativos aos meios de sua locomoção até a escola. O fato de dormirem tarde, ou o de não terem quem os acorde a tempo, ou ainda o de haver situações na família, como o caso de doenças ou outras circunstâncias geradoras de problemas, podem trazer dificuldades à assiduidade e pontualidade, que não se associam a transgressões disciplinares.

Todas essas situações analisadas no sentido de compreender o que caracteriza, real e objetivamente, a indisciplina, e responder às indagações que se podem fazer para compreendê-la e dimensioná-la, merecem a atenção dos docentes e dos orientadores educacionais.

A Orientação Educacional tem, portanto, na disciplina, um dos seus focos temáticos de estudo, diálogo e intermediação, no interesse de auxílio aos professores, aos alunos, às famílias e, conforme a ocorrência, aos funcionários. Quanto ao estudo, será, então, não só de fundamentos teóricos, conceituais e de processos, como também de cada caso. Quanto mais e melhores informações (mais atualizadas e contextualizadas) os orientadores obtiverem das circunstâncias dos casos, mais possibilidades e alternativas de auxílio e diálogo poderão ter.

São diferentes das anteriores, entretanto, em suas causas e consequências, os atos e palavras de natureza agressiva, desrespeitosa, que, na verdade, representam violências, pois, mesmo que não firam o corpo, causam transtornos psicológicos e emocionais, que podem, inclusive, afetar a saúde. Situações desse porte merecem da escola e dos gestores intervenções firmes e efetivas, e um alerta aos responsáveis.

Num extremo de atos violentos, de grave impacto social, estão os crimes, que invadem o espaço escolar, desconstruindo a crença, a expectativa e o ideal de que esse seja um espaço protegido da violência que contamina a sociedade. A escola, os professores, os alunos, as famílias podem ser vítimas do crime, assim como podem ser vítimas das drogas, enquanto casos que remetem, sobretudo, à ação policial, como também a políticas públicas de saúde e segurança.

Concluem-se, então, essas análises, reafirmando o que se assinalou em sua introdução, sobre as muitas nuances e complexidades de fatores e implicações relativas à (in)disciplina. Reafirma-se, portanto, também, que esse tema e suas questões trazem uma gama ampla de desafios à Orientação Educacional, aos seus estudos e à sua ação mediadora.

16

A Orientação Educacional para o trabalho

O enfoque da Orientação Educacional para o trabalho envolve mais do que informações sobre campos profissionais, embora propiciar essas informações (e de várias formas) seja parte relevante da função orientadora.

Assim como a orientação para o trabalho não se limita a elencar profissões e elementos que as compõem e caracterizam, ela também não se limita, na escola básica, ao Ensino Médio; ao contrário, ela se realiza desde os anos iniciais do Ensino Fundamental e pode introduzir-se, até mesmo, na educação infantil.

O que se argumenta, sobretudo, é que o trabalho é tema que absorve um conjunto significativo de valores humanos, sociais, políticos, éticos, a serem necessariamente considerados pelos orientadores educacionais, por serem inerentes à natureza educativa, portanto, axiológica, de suas ações.

Assim, os valores do trabalho, sua importância, seu significado em perspectivas e projetos de vida e de realizações, sua propriedade de ser um direito de cidadania e um dever do Estado, podem constituir-se em temas de atividades das crianças, expressos nos desenhos, nas figuras, na música, nas histórias orais ou escritas e nos livros infantis que são adotados nesse nível de escolarização.

Os temas e atividades de valorização do trabalho prosseguem no Ensino Fundamental como objetos de estudos, diálogo, leitura, ampliando a sua compreensão e as informações sobre tipos de funções, sobre profissionais que as exercem e sobre as suas contribuições sociais. Projetos culturais, artísticos, envolvendo músicas, artes cênicas, exposições de cartazes e produtos trazem maior visibilidade, interesse e motivações aos alunos.

No Ensino Médio, aprofundam-se a sistematização e o alcance das informações mais detalhadas, mais específicas, sobre cada alternativa de opção profissional, ao mesmo tempo em que é ressaltada a importância de informações, assim como do autoconhecimento para escolhas fundamentadas.

A Orientação Educacional poderá, nesse nível, fazer um levantamento das profissões, das suas configurações atuais e das novas alternativas emergentes, que acompanham os avanços da ciência, da tecnologia e das novas demandas do mercado. As áreas de conhecimento elencadas pelo Conselho Nacional de Desenvolvimento Científico e Tecnológico podem também ser referências úteis à escolha dos alunos.

Acrescentam-se, ainda, aos levantamentos e informações da Orientação Educacional, as universidades, sua localização, seus cursos, com especial atenção às mais próximas dos alunos, às que se encontram no Estado, na região, mas sem perder de vista universidades e cursos oferecidos em outros estados, de modo que se ofereça um panorama, o mais completo possível, de possibilidades de escolhas e de acesso de espaços de formação acadêmica.

O mesmo se aplica ao levantamento de cursos de nível técnico, que atendem a demandas atuais de trabalho. Apresentam-se, desse modo, à Orientação Educacional e aos alunos, um âmbito abrangente de informações, de estudos e de diálogo, que serão favorecidos por várias iniciativas e projetos da Orientação Educacional, a exemplo de trazer à escola profissionais de diversas áreas para exporem não só suas experiências, como suas escolhas de vida, podendo-se considerar a iniciativa de organizar visitas a locais onde os alunos possam observar condições, processos, ambientes de trabalho. Filmes e vídeos também auxiliam nesse sentido.

Sinalizam, também, fatores de escolhas, o desempenho e o interesse dos alunos nas áreas de conhecimento. A escola básica, ao oferecer estudos de várias áreas de conhecimento e a possibilidade dos alunos transitarem nessas áreas (vivenciando seus conteúdos e raciocínios específicos), propicia um acervo de cultura geral, que também lhes acrescenta a possibilidade de reconhecer, nessas áreas, motivações, competências, habilidades e tendências que sinalizam interesses por determinadas profissões.

A par de várias formas de auxílio da Orientação Educacional à escolha profissional dos alunos, é indispensável reconhecer que as famílias têm condições de diálogo, de exemplos, de testemunhos, cujas influências são significativas, observando-se apenas a importância de que os desejos, opções e motivações dos filhos sejam considerados. Finalmente, vale lembrar, quanto à orientação para o trabalho, que os orientadores educacionais não direcionam ou guiam os caminhos; são apenas parceiros na caminhada.

17

A Orientação Educacional e os alunos com altas habilidades

O tema das altas habilidades, ou superdotação e talentos, traz à Orientação Educacional várias questões, como a própria concepção de "altas habilidades", a valorização da presença dos alunos na turma, na escola, a sua identificação, a oferta de possibilidades de realizarem o seu potencial.

A concepção de "altas habilidades" não envolve, necessariamente, "genialidade", no sentido de que o aluno se destaque em todas as disciplinas do currículo, em todas as áreas de conhecimento. *"Não há o super-dotado puro! Há comportamentos interligados diante de determinados contextos e situações de vida"* (CUPERTINO, 2008, p. 25).

Outra perspectiva a ser levada em conta é a de que as altas habilidades não dizem respeito, estritamente, a altos níveis de resultados, sejam eles traduzidos em nota ou conceito, ou outros símbolos.

As considerações anteriores demandam compreender que nem sempre o aluno com "altas habilidades" será o "aluno nota 10", cujas respostas em provas e testes correspondam às que se considerem como "certas". Ao contrário, é previsível que esses alunos não correspondam a um padrão preestabelecido e esperado de resposta. Um exemplo clássico é o de Galileu quando, no século XVI, discordou da resposta "certa": a de que a Terra era quadrada. Sobre esse aspecto, vale considerar Mettrau (2000, p. 7):

> As altas habilidades ou superdotação não são, *como muitos ainda pensam, um dom, mas sim características* e comportamentos que podem e devem ser aperfeiçoados na interação com o mundo e que se apresentam numa variedade grande de combinatórias. Para os indivíduos que apresentam tais características nem sempre tem sido fácil mostrar ou demonstrar suas habilidades diferenciadas, pois há uma tendência social à conservação dos comportamentos e ainda não se prioriza a inovação na medida desejada e necessária (METTRAU, 2000, p. 7).

As "altas habilidades" também não se limitam apenas a aspectos cognitivos; elas se estendem a outros aspectos de realizações, como as do corpo, as da arte, da criatividade, da liderança, enfim, elas se estendem a vários tipos de expressões humanas.

Ourofino e Guimarães (2007), focalizam "[...] habilidades acima da média em um ou mais domínios: cria-

• 73

tivas, esportivas e psicomotoras". Mettrau (2000, p. 45) considera manifestações de altas habilidades em "[...] aspectos cognitivos, criativos e afetivos", observando também o valor da inteligência social.

Ainda na compreensão do âmbito de questões a serem consideradas nas altas habilidades, acrescenta-se a inclusão dos alunos, o seu acolhimento, de modo que o possível distanciamento cognitivo dos demais alunos em determinada disciplina ou área de conhecimento (ou mesmo num conjunto de disciplinas ou áreas) não signifique também para eles um distanciamento afetivo. Nessa perspectiva, estudos como os de Delou (2007) destacam na educação do aluno com altas habilidades/superdotação a importância de políticas educacionais para a inclusão.

Assim, no intuito do reconhecimento dos alunos nas turmas, os orientadores educacionais poderão orientar os professores quanto à concepção ampla de altas habilidades e quanto à importância da observação de comportamentos e desempenhos.

O diálogo com os alunos e com as famílias, tanto dos orientadores como dos docentes, também é de grande auxílio. Embora haja testes efetivos de diagnóstico (e, nesse caso, a aplicação será por profissional habilitado e competente), considera-se que a observação e o diálogo sejam meios efetivos a serem empregados no cotidiano das práticas escolares.

Identificados os alunos, é relevante que lhes sejam oferecidas oportunidades de potencializar suas habilidades, a exemplo de atividades complementares ao currículo e "salas de recursos":

> [...] programas extracurriculares (salas de recursos) podem ser oferecidos no período oposto ao da escola regular, quando não se tratar de escola de tempo integral. Com isso, o aluno é mantido em sua sala de aula, convivendo com os colegas da mesma idade, estabelecendo laços sociais, e uma ou duas vezes por semana reúne-se com outros que possuem habilidades e/ou ritmo semelhantes ao dele, para a realização de projetos específicos (CUPERTINO, 2008, p. 70-71).

Finalmente, o foco essencial dessas considerações é o de que os alunos portadores de altas habilidades, superdotação, talentos merecem reconhecimento, inclusive pelas contribuições que poderão oferecer à sociedade, à ciência, à liderança de movimentos sociais, à política, o que também realça a importância do atendimento às suas "necessidades especiais" e das contribuições dos orientadores educacionais nesse sentido.

18

A Orientação Educacional como especialidade pedagógica

A Orientação Educacional, compreendida como "especialidade pedagógica", tem sua presença realçada na escola pelo seu reconhecimento como serviço que, além do processo dialético de mediação que estabelece entre escola e família, tem atuações expressivas de auxílio ao aproveitamento de estudos dos alunos.

Embora as especialidades pedagógicas tenham recebido reticências no bojo de propostas de que o professor que assume disciplinas possa também assumi-las, elas têm recebido solicitações expressivas de permanência e, desse modo, o valor de seus subsídios aos apelos e necessidades concretas do cotidiano da escola tem superado as críticas às "especializações".

Sobre essas críticas, vale lembrar que se fazem a propósito de uma integração de funções, justificada por uma visão integradora, e não segmentada, das atividades da escola. Esse mesmo propósito justifica a crítica à organização do currículo em disciplinas.

Há, contudo, fragilidades nessa crítica que merecem reflexões. Entre elas, destacam-se duas. A primeira diz respeito à concepção das especialidades pedagógicas, entendidas como evidências de segmentação de funções escolares, ou como fatores, ou efeitos, dessa segmentação. A segunda diz respeito à consideração de que as funções pedagógicas específicas da escola, assim como as habilitações para exercê-las, não são necessárias.

A concepção das especialidades pedagógicas como evidências de segmentação de funções escolares, ou como fatores, ou efeitos, dessa segmentação, constitui-se como um equívoco. As práticas efetivas de funções como as de Orientação Educacional e Supervisão Pedagógica, demonstram que essas funções são, sobretudo, integradoras de ações que se realizam no processo de ensino-aprendizagem.

A Supervisão Pedagógica promove ações docentes integradas, partilhadas, em atividades como as de formulação dos planos de ensino, as de construção participativa do Projeto Político-Pedagógico (VEIGA, 2001), como também promove a articulação de ideias e experiências em encontros de formação docente continuada.

A Orientação Educacional transita por todas as disciplinas, em sua ação de auxílio ao processo de ensino-aprendizagem e ao estudo dos alunos, pelo apoio e orientações que lhes propicia. Também o diálogo dos orientadores com os docentes pode favorecer, de modo significativo, a análise conjunta do desempenho individual, de cada aluno, e do desempenho coletivo da turma, assim como o planejamento de estratégias de superação de possíveis dificuldades em nível de relacionamento ou de aprendizagem.

O orientador educacional é, pela característica e natureza de sua função, um interlocutor. E interlocução incorpora diálogo e (re)união de pessoas, para expressão de suas opiniões, propósitos, sentimentos. Como interlocutores, os orientadores educacionais estabelecem elos e canais de integração e visão conjunta (menos individual e segmentada) de fatos, princípios e processos que se realizam no cotidiano escolar.

O segundo equívoco da crítica às especialidades pedagógicas é o do entendimento de que as funções específicas da escola e as habilitações para exercê-las não são necessárias. Entretanto, a especialidade no exercício de funções (e funções demandam competências e, portanto, domínio específico de princípios e processos) é algo próprio de quem as assume. Por isso, as formações também requerem estudos específicos, conhecimentos específicos, que incorporam lógicas de raciocínio, paradigmas, aportes essenciais ao exercício competente do trabalho.

Até mesmo a interdisciplinaridade não dispensa o domínio de conhecimentos de áreas ou disciplinas específicas. Esse domínio específico possibilita aprofundar o conhecimento, assimilar a lógica de sua construção, perceber formas de pesquisar e avançar o seu estado atual, assim como perceber os elos e interfaces com outros conhecimentos e práticas com as quais se pode realizar, com consistência e coerência teórica e conceitual, a interdisciplinaridade.

A Orientação Educacional requer formação e ações específicas que se conectam com as demais formações e ações docentes, seja porque os fundamentos pedagógicos são comuns (e definem a condição essencial de *ser* educador), seja porque as parcerias e auxílios mútuos entre orientadores e docentes revertem na qualidade socioeducacional dos serviços da escola.

Concluem-se, portanto, essas reflexões, assinalando que a Orientação Educacional é, essencialmente, função educativa, exercida por educadores. O que difere as funções escolares não é a sua essência, não são seus princípios, muito menos seus fundamentos pedagógicos. Esses são aspectos comuns das ações educacionais de docentes e de quem assume as "especialidades" dessas funções. O que difere as funções escolares são as competências específicas que essas funções demandam e que, necessariamente, são (devem ser) objeto dos cursos de formação, ressaltando-se, portanto, a importância da habilitação para o exercício das especificidades próprias das ações da escola, a serem realizadas por educadores habilita-dos, capazes de articular essas ações de forma integrada e integradora, como se propõem à escola no seu Projeto Político-Pedagógico.

19
Existem "qualidades naturais" que são requisitos ao exercício da Orientação Educacional?

O que se postula neste enfoque temático da Orientação Educacional é, sobretudo, a consideração a três princípios. O primeiro é o de que, em lugar de pensar em "qualidades", em nível subjetivo, da "natureza" da pessoa que vai assumir a Orientação (e que se constituiriam como requisitos a um desempenho satisfatório), o importante é que se reflitam, com fundamento teórico e empírico, sobre as competências no exercício da função. A consideração a essa importância demanda estudos, em nível de formação acadêmica e de formação continuada, com atenção a publicações (livros, artigos), pesquisas e eventos acadêmicos.

O realce da formação remete, também, à importância da multidisciplinaridade e, portanto, do conhecimento de diversas áreas, a exemplo, entre outras, da sociologia, da psicologia, da neurociência, que trazem à Orientação

Educacional fundamentos relevantes às suas práticas e às suas considerações a elementos da atualidade, da crítica e da contextualização do saber que fundamenta a ação orientadora.

Nessa perspectiva de ampliação dos fundamentos, destacam-se os que propiciam a compreensão do valor humano e sociopolítico da diversidade e asseveram o potencial de realizações e conquistas dos seres humanos, com suas singularidades e diferenças, mas com o mesmo direito ao acesso ao conhecimento e permanência na escola, com real aproveitamento de suas contribuições. O compromisso com esse direito é uma das premissas da Orientação Educacional.

O segundo princípio é o de que as competências referidas às práticas do orientador podem ser desenvolvidas e aperfeiçoadas no movimento da relação entre prática-teoria-prática. Esse princípio incorpora três premissas. A primeira é a de que na prática se constroem conhecimentos necessários às competências; a segunda é a de que a continuidade da realização das práticas vai, sucessivamente, informando novas competências requeridas à orientação. A terceira é a de que, também na continuidade de suas práticas e na dinâmica do movimento entre ação – reflexão – ação, o orientador tem oportunidade de estabelecer articulações significativas com os estudos teóricos, tanto os que foram objeto de sua formação acadêmica como aqueles que ele atualiza em processo de formação continuada.

O terceiro princípio a ser considerado tem, como referência ao entendimento de "qualidade", a disposição para agir. Com essa referência de sentido, pode-se considerar, como "qualidade" fundamental para a prática da orientação, *a de* "gostar de alunos": algo simples, em seus termos e proposta, mas profundo em seus fatores e implicações. E "gostar de alunos" tem, em seus fatores e implicações, a disposição de gostar de ouvi-los, de conversar com eles, com seus pais, seus familiares, ou aqueles que por eles se responsabilizam, e que procuram, na escola, o auxílio da Orientação Educacional. E esse "gostar" implica também que, no diálogo dos orientadores com os professores, se enfatize a confiança nas possibilidades de aprendizagem dos alunos, de seu desenvolvimento, seu amadurecimento (que se reflete em novas condutas, novas motivações, novos interesses) e, da mesma forma, se enfatize a confiança na ação docente que reconheça e favoreça essas possibilidades.

O encaminhamento dos alunos à Orientação Educacional, feito por professores, poderá ser consequente a dificuldades de aprendizagem, ou de condutas, que se traduzem, frequentemente, em "indisciplina". Esse encaminhamento requer do orientador uma mediação ponderada dessas questões (frequentemente definidas como

• 83

"problemas"), de forma que sua interlocução com o aluno, com os professores e, possivelmente, com a família, se realize de modo construtivo e colaborativo, sem julgamentos predefinidos de valores, que podem induzir a um conceito do aluno limitado às suas dificuldades, e não às suas possibilidades e alternativas de superá-las.

20
A Orientação Educacional
como profissão

Para entender o estatuto de profissão atribuído à Orientação Educacional é preciso retomar o Decreto da Presidência da República 72.846, de 26 de setembro de 1973 (BRASIL, 1973), ainda em vigor. Esse decreto regulamenta a Lei 5.564, de 21 de dezembro de 1968, que provê o exercício da profissão de orientador educacional.

Embora suscite análises críticas, seja pelas circunstâncias de seu tempo histórico, seja porque hoje se realçam fundamentos progressistas, contextualizados, o Decreto 72.846 de 1973 mantém um especial valor, que legitima a continuidade de sua vigência: o direito atribuído à Orientação Educacional de constituir-se como profissão.

Nesse decreto, encontra-se, no artigo 1º, uma definição do objeto da orientação, em termos da "assistência ao educando, individualmente ou em grupo", tendo em vista o seu "desenvolvimento integral" e o "preparo para o exercício profissional".

Apesar do termo "assistência" merecer ressalvas porque pode sugerir "assistencialismo" e suas críticas decorrentes, como as que associam processos assistencialistas à fragilização dos sujeitos a que se destinam e, também, apesar de hoje se pretenderem focos mais amplos no âmbito das ações do orientador, tanto no contexto da escola como no contexto sociopolítico que a envolve, pode-se considerar que a atenção ao aluno permanece como o núcleo, o cerne, o foco essencial, substantivo, dessas ações.

Definem-se, então, no Artigo 2º do Decreto 72.846 de 1973, condições para o exercício da profissão de orientador educacional "privativa" de quem realizou os estudos necessários, os "licenciados em pedagogia, habilitados em Orientação Educacional" (nível superado na perspectiva atual de formação), os que "são portadores de diplomas ou certificados obtidos em cursos de pós-graduação", os "diplomados em Orientação Educacional por escolas estrangeiras, cujos títulos sejam revalidados".

Pode-se atribuir aos termos que se apresentam nesse artigo (ressalvando-se, como se fez antes, a proposta contemporânea mais ampla, contextualizada e crítica, da formação do orientador educacional), o mérito de atribuir importância aos estudos referentes ao campo profissional, como requisito a quem vai assumi-lo, e definir seus níveis (graduação ou pós-graduação), que permaneceram como opções até os anos de 2000, quando se prioriza a proposta de estudos em nível de pós-graduação.

O Artigo 3º trata do direito legal de exercer a profissão, o Artigo 4º trata dos registros de diplomas ou certificados e do registro profissional, o Artigo 5º trata do exercício da Orientação Educacional, valendo a sua releitura na íntegra, por situá-la, mais uma vez, como *profissão*.

> **Art. 5º** – A profissão de orientador educacional, observadas as condições previstas neste regulamento, se exerce na órbita pública ou privada, por meio de planejamento, coordenação, supervisão, execução, aconselhamento e acompanhamento relativos às atividades de Orientação Educacional, bem como por meio de estudos, pesquisas, análises, pareceres compreendidos no seu campo profissional.

Da mesma forma, nos artigos que tratam de atribuições, o que vale notar, além das perspectivas, hoje mais amplas e mais circunstanciadas, histórica e politicamente, é a afirmação, coerente com os termos de todos os indicativos do decreto, de que o exercício dessas atribuições é competência de quem assume, profissionalmente, a Orientação Educacional.

Sugere-se, então, que os orientadores releiam as atribuições conforme se apresentam no decreto, embora alcancem novos significados nos anos de 2000. Todavia, o valor que permanece na sua definição é o de assegurar o campo profissional da Orientação Educacional, precisando os espaços de atuação nesse campo. O delineamento desses espaços, explicitados em lei, é uma garantia e, de certa forma, uma valorização do trabalho do profissional orientador.

Observa-se, portanto, o valor histórico da releitura do projeto, no interesse de não se perderem de vista percepções normativas da função orientadora que, não só incorporam a própria história da Orientação Educacional, como informam aspectos importantes que, posteriormente, foram atualizados e, até mesmo, podem também suscitar reflexões sobre os que ainda necessitam de avanços.

Complementarmente, lembra-se e reafirma-se, mais uma vez, que as ações do orientador em prol do real aproveitamento escolar dos alunos requerem um compromisso essencial: o compromisso com a educação inclusiva. Esse compromisso solicita do orientador a compreensão do direito fundamental do aluno ao saber e ao pertencimento à comunidade escolar.

Assim, no foco da Orientação Educacional destacam-se as atenções e ações prioritárias que interessam à real aprendizagem dos alunos e à sua real inclusão no ambiente da escola e nas relações que nela se estabelecem, mantendo-se o respeito à sua autonomia. Nesse sentido, a educação realmente inclusiva é, em essência, fundamento e premissa da Orientação Educacional. Por isso, a atualização de princípios e práticas de Orientação Educacional requer a compreensão e valorização da diversidade, em sua concepção mais ampla, como característica da pluralidade social, das diferenças, em suas várias expressões das singularidades humanas, e da inclusão, em seus princípios e processos em favor da emancipação social. É esse o propósito e o sentido de ser educador que, em todos os seus espaços de trabalho pedagógico, está, como profissional, comprometido com a função social da educação.

21

Orientação Educacional: o foco no aluno e seu acompanhamento durante a escolaridade

O aluno e seu aproveitamento escolar são focos da escola e da Orientação Educacional, seu motivo, sua motivação. Assim, estar próximo do aluno e acompanhá-lo em sua escolaridade constituem princípios e processos essenciais da função orientadora.

Vale, então, refletir sobre implicações do acompanhamento do aluno, desde que chega à escola até a conclusão do Ensino Médio. Uma dessas implicações refere-se ao tempo desse acompanhamento, que sugere analisar as alternativas de que um mesmo orientador acompanhe o aluno ao longo de todos os anos de escolaridade, ou então, que haja diversificação de orientadores ao longo desses anos.

A presença de um mesmo orientador com os mesmos alunos (a mesma turma) na sequência da escolaridade favorece o conhecimento de seu desempenho e o auxílio a possíveis dificuldades. O conhecimento do aluno inclui o seu contexto de família, de vida fora da escola, de situações que favorecem ou dificultam seu aproveitamento escolar. Com o mesmo orientador poderá haver mais oportunidades de contato com os responsáveis e o diálogo poderá ser mais proveitoso pelas condições propiciadas pelo tempo em que está acompanhando o aluno, favorável a um maior conhecimento das circunstâncias e contingências do contexto familiar. A expectativa dos pais em relação à escola e à profissão de seus filhos, a maneira como se estabelecem as relações no ambiente familiar, tornam-se cada vez mais clarificadas nos sucessivos contatos, a cada ano.

Da mesma forma, nos casos de ausências na família e, mais radicalmente, de ausência de família, estar próximo ao aluno e acompanhá-lo, ano a ano, são condições que favorecem as contribuições do orientador, assim como favorecem a confiança e a espontaneidade do aluno no diálogo com ele. Ampliam-se as oportunidades e perspectivas de contato, comunicação e encontro.

Contudo, é importante também considerar que a diversificação de orientadores traz um aspecto interessante ao processo: a oportunidade de análise conjunta e troca de ideias entre os que têm acompanhado os mesmos alunos, com atenção a formas de lhes oferecer subsídios ao seu aproveitamento escolar.

Não se pode, portanto, assegurar que o acompanhamento do aluno por um mesmo orientador durante toda a sua escolaridade é mais eficaz do que a alternância de orientadores, pois só pesquisas com um bom alcance de tempo, sujeitos, e com significativo *follow-up*, podem trazer evidências com mais fundamento e consistência.

Por outro lado, a par de poucas evidências fundamentadas que assegurem a maior eficácia do acompanhamento direto do aluno por um mesmo orientador, é preciso também considerar que as competências no exercício da Orientação Educacional e a empatia que se estabelece nas relações sejam os fatores essenciais às contribuições da Orientação Educacional aos alunos e suas famílias. E isso independe de que os alunos tenham, ou não, acompanhamento direto de um mesmo orientador.

Finalmente, seja no acompanhamento do aluno por um mesmo orientador educacional, seja por vários, o princípio fundamental é o de que, no curso de sua escolarização, seja mantida a plena confiança em suas condições de aprendizagem e progresso, evitando-se, sobretudo, nesse sentido, a formação e consolidação de preconceitos que limitam a convicção do orientador nas possibilidades de avanços de que o aluno é, com certeza, capaz (a cada dia, a cada ano), assim como também limitam a sua confiança nas possibilidades de sua própria ação.

22

A Orientação Educacional no currículo

Duas questões de fundo se destacam quando se pensa na Orientação Educacional e sua concepção e práticas relacionadas ao currículo. A primeira diz respeito à relação, mais ampla, entre sociedade, vida, escola, inerente à ação educacional. A segunda diz respeito ao princípio da integração dos elementos do processo pedagógico, que também remete aos princípios da multidisciplinaridade e da contextualização do conhecimento. A relação sociedade, vida, escola é inerente à ação educacional, seja pelo requisito da vida na escola e da escola na vida, seja pelos valores humanos, sociais, existenciais, que presidem essa ação. Desse modo, saber viver e conviver (viver com, viver no coletivo) são também aprendizagens, e aprendizagens, sobretudo, de valores; por isso são de natureza educacional.

Essas aprendizagens, essencialmente pedagógicas, de formação humana, constituem proposta da Orientação

• 93

Educacional, em sua atuação com os alunos, que não só aprendem conceitos teóricos, mas também conceitos e valores próprios de atitudes éticas e solidárias. "Ensinar" valores requer demonstrá-los, dialogar sobre seus fundamentos e propósitos, e não só vivenciá-los com os alunos, mas também aprender com eles.

Assim, valores de equilíbrio, verdade, colaboração, participação, assertividade, transparência, são alguns dos que se ensinam e aprendem nas atividades, nas interações e nos conceitos referidos à vida cotidiana, como vida cidadã. Nesse sentido, preveem-se e sistematizam-se no currículo os tempos de encontro dos orientadores com os alunos.

Nesses encontros podem ser também contemplados princípios, práticas e condições de estudo. Os orientadores, em seu acompanhamento, procurarão manter-se informados sobre essas condições e práticas na vida de cada aluno, de modo a dialogar com ele e auxiliá-lo no que for possível.

O orientador educacional adota, dessa forma, uma perspectiva integradora, multidisciplinar, sem perder a especificidade de sua ação, mas estabelecendo elos significativos com a ação docente no desenvolvimento dos conteúdos do currículo. O "como estudar" é, então, entendido não só quanto às condições (tempo, lugar, contexto) do aluno, como também quanto às dificuldades que possam estar encontrando nas áreas de conhecimento.

As dificuldades dos alunos poderão ser, então, objeto de diálogo dos orientadores com os professores, no interesse, não só do seu aproveitamento escolar, como também de reflexões sobre as práticas do currículo e a sequência dos programas, de modo a propiciar uma gradação que o aluno acompanhe com prazer e confiança em suas aprendizagens, sem que estudar seja algo tenso e árduo.

Nesse sentido os orientadores educacionais estarão participando, com os docentes e gestores, das atividades coletivas, partilhadas, de planejamento e atualização do currículo e dos programas. A formação acadêmica e a formação continuada dos orientadores terão, então, especial ênfase nos fundamentos e processos curriculares, com atenção aos avanços de suas propostas de construção e prática. Entre esses avanços encontra-se a concepção do currículo pautada no princípio de que a gradação e evolução do conhecimento não se fazem com conteúdos isolados, mas sim através de sua articulação e tessitura em rede, na qual se produzem sentidos e se contextualiza o saber.

Reafirma-se, desse modo, a importância de que se prevejam e possibilitem algumas atividades da Orientação Educacional com as turmas, sem perder de vista a ação dos orientadores com os alunos individualmente, ou em pequenos grupos. O trabalho com a turma poderá atender ao interesse dos orientadores não só de atuar, mais amplamente, com os alunos, no espaço de sistematização cotidiana de sua aprendizagem – a sala de aula – como de perceber como eles se relacionam, como (re)agem e como se "enturmam" nesse espaço coletivo de estudo e convivência.

Lembra-se, também, que a orientação para o trabalho, enquanto parte do processo educativo e da ação dos orientadores, tem, na observação do desempenho dos alunos e de seus focos de interesse nos conteúdos e áreas de conhecimento, fontes de dados e evidências significativas.

Em síntese, quando se pensa na Orientação Educacional e suas ações no currículo, o que se ressalta, essencialmente, é o valor dessas ações que, referenciadas no acompanhamento dos alunos e na mediação entre escola e família, tem muito a acrescentar ao planejamento e às práticas curriculares, considerando a rede de saberes que nelas se constroem.

23

A Orientação Educacional sobre "como se estuda"

"Como se estuda?" Essa é uma indagação "didática" fundamental e um apelo legítimo de quem aprende, quer (e tem o direito de) aprender. Desse modo, o "como se estuda" é também – e principalmente – tema e proposta do processo de ensino-aprendizagem. É recomendável, portanto, que a Orientação Educacional considere e inclua em seu programa de ação o tema do "como estudar" e a perspectiva e valor do "aprender a aprender".

"Aprender a aprender" tem muitos aspectos e perspectivas: as condições de ambiente, a formação de hábitos e atitudes em relação à leitura e à redação, a compreensão da importância dos "exercícios" (situações de aplicação do conhecimento e resolução de "problemas", que solicitam a recorrência a conteúdos e raciocínios), a análise de fatores e circunstâncias dos problemas que se apresentam nos "exercícios", assim como as associações entre conteúdos, experiências do cotidiano e fatos atuais.

As condições de ambiente de estudo são também consideradas, tendo em vista o local apropriado e o tempo reservado, priorizado, sistematizado, para realizá-lo e incorporá-lo à rotina cotidiana. É interessante, portanto, que orientadores e professores orientem alunos e famílias no sentido de que o espaço e tempo de estudo sejam garantidos.

Quanto à formação de atitudes, refere-se a uma postura, uma posição frente ao conhecimento, fortalecendo a iniciativa de buscá-lo em fontes diversas (impressas ou informatizadas) e de valorizá-lo como um bem, um benefício, uma conquista pessoal e social.

Nessa perspectiva, a formação de hábitos, que se desenvolvem pela prática, associados à atitude de valorização e interesse pelo conhecimento, solicitam da Orientação Educacional, em seu diálogo com os alunos, o realce à concentração, ao planejamento de uma rotina a ser preservada, mantida, sistematizada, ressaltando também a importância da organização do material de estudo e da disposição de perguntar, esclarecer dúvidas e dialogar com os professores sobre suas dificuldades e alternativas de superação.

As atenções que se ressaltam na orientação do estudo convergem no sentido e no propósito de que o aluno possa vivenciá-lo com disponibilidade e motivação, ambas necessárias ao processo sociocognitivo de aprender e de "habituar-se" a ler, escrever, produzir textos, para assimilar e reconstruir conhecimentos.

A compreensão da leitura requer entendê-la na sua condição e possibilidades de interpretar e aplicar os dados que a ampla gama de fontes virtuais e impressas oferecem. Considera-se, então, que interpretar os dados implica também que a sua leitura chegue ao "fundo" das mensagens dos textos, ao que está nas linhas e entre elas, nas aparências e na essência, na superfície e na profundidade dos aportes. Trata-se, portanto, de avançar da leitura descritiva para a leitura incursiva, ou seja, de incursão nos meandros da tessitura textual, onde se encontram, em essência, as origens e intenções das ideias e propostas.

Portanto, a atitude do leitor *com* e *diante* da leitura, no interesse de potencializar o seu aproveitamento pessoal e acadêmico, requer praticá-la, de modo incursivo, em diversos níveis de elaboração de seus dados, a exemplo de análise associativa, comparativa, dedutiva, assim como de aplicação e exemplificação, no intuito de inserir o texto nos fatos reais, concretos, da vida social.

Os mesmos processos de análise para compreensão, associação, dedução, conclusão, assim como de síntese e avaliação, são empregados nos exercícios e nas situações que oferecem (e estimulam) a aplicação do conhecimento, o *trabalho* com ele, o processo de problematizá-lo, de inseri-lo no contexto, de vinculá-lo aos fatos.

Por tudo isso, a atenção a formas e processos de estudo é um dos núcleos das ações da Orientação Educacional, no interesse do aluno e de sua continuidade e permanência no ambiente escolar, valorizando as oportunidades de seu desenvolvimento, de suas realizações.

24
A Orientação Educacional e as "sessões de estudo" sobre "como estudar"

"Sessões de estudo com os alunos" significam, para o orientador, oportunidades de contribuir ao seu aproveitamento escolar. As "sessões" podem ocorrer com pequenos grupos, em sala própria do Serviço de Orientação Educacional, ou então na sala de aula.

A redundância ("estudar como estudar") auxilia a refletir sobre a importância do processo de "aprender a aprender", recorrente ao processo de aprender a estudar. E aprender a estudar incorpora vários temas referentes ao tempo, ao espaço, à disposição, à constância, à rotina, ao hábito e ao planejamento do estudo. Para que esses temas sejam objeto de estudo com os alunos é preciso que também sejam objeto de estudo (ampliado, aprofundado, atualizado, contextualizado e crítico) dos orientadores.

"tempo de estudo" ressalta-se sua impor-
ᴅ a compreensão, aplicação, fixação do conhe-
.o em aula e em casa. No estudo em casa, con-
ᴊram-se o interesse de que seja diário e o princípio
ᴊa proximidade entre o tempo das aulas e o tempo de
estudo em casa, observando-se que essa proximidade
se traduz em estudo diário e realização de tarefas indi-
cadas diariamente nas aulas. O princípio da proximidade do tempo de aula com o tempo em casa favorece
a consolidação e aplicação do conhecimento, que são
propósitos do estudo, como também favorece o uso da
memória da aula para esses mesmos propósitos. Esse
uso tem sido endossado em princípios de aprendizagem
à luz da neurociência.

O espaço para estudar também é privilegiado, compreendendo-se a importância de sua relação com o tempo e o ambiente requeridos ao estudo diário. O espaço e
o ambiente de estudo necessitam de silêncio, necessário
à concentração. Ar e luz também são componentes relevantes a esse ambiente.

A disposição para estudar se associa à constância, à rotina do estudo, à sua prática, à sua prioridade.
Assim, disposição, constância, rotina, prioridade e prática constituem fatores que auxiliam a formação do hábito
de estudo. Em síntese, é estudando que se forma o hábito e se desperta o prazer de estudar.

Através do planejamento do estudo é prevista a sua rotina, e, nela, o tempo a ser preservado e priorizado, o lugar, também a ser preservado e priorizado, reconhecendo-se a importância da disposição – "ação ou efeito de dispor-se" (LUFT, 2010, p. 249) – para que o planejamento seja praticado, de modo constante, habitual.

A posição e a maneira de sentar-se devem ser adequadas à saúde do corpo, com atenção aos músculos e à coluna. Posições inadequadas, como deitar na cadeira ou na cama, prejudicam a vontade e a disposição para estudar.

Da mesma forma é saudável, para o corpo e a mente, interromper, por algum tempo, o estudo, levantar, alongar-se, caminhar um pouco, antes de continuar. Considera-se, finalmente, que as condições e fatores que auxiliam o aluno no planejamento e prática de estudo sejam objetos importantes das atenções dos orientadores educacionais, como também sejam temas de suas orientações e de seus próprios estudos, lembrando-se os subsídios atuais da neurociência, que ampliam e aprofundam a compreensão dos processos cognitivos.

25

A ética na Orientação Educacional

A Orientação Educacional, em seu processo mediador e dialógico, fundamenta-se, necessariamente, na ética, que inclui a atenção a valores de discrição, de diálogo conduzido com tranquilidade e equilíbrio, assim como a atenção a condutas que expressem esses valores e a princípios inerentes a relações positivas, construtivas, com alunos, professores, funcionários e famílias.

Para os orientadores educacionais, a ética, além de princípio de diálogo e conduta, é ainda uma questão pedagógica, de formação humana e social, a ser orientada aos alunos, podendo constituir-se, também, em tema de orientação a professores e funcionários, em oportunidades que a recomendem.

Ética é princípio e valor da vida cidadã, e fundamenta atitudes que dignificam a vida e a convivência. Desse modo, a formação humana, que é proposta essencial dos estudos e das práticas pedagógicas, tem, na formação ética, um dos seus escopos principais.

Destaca-se, pois, nas ações socioeducacionais, em todos os níveis e processos formativos, a recorrência mútua entre saberes e valores, unidos pelos elos da ética, que os aproximam e comprometem.

E, se educação é nucleada em valores e critérios de conduta, a pedagogia, enquanto campo teórico nucleado na educação, seus parâmetros e referências, oferece estudos que auxiliam, significativamente, a aprofundar a relação entre conhecimento e atitudes, a serem ensinadas e assumidas no sentido da preservação de critérios éticos nas relações sociais. Essa é, sem dúvida, uma das respostas da educação aos apelos crescentes da sociedade aos valores éticos: apelos especialmente candentes e expressivos nos tempos contemporâneos.

A orientação de condutas éticas, ao mesmo tempo em que preserva a liberdade de escolhas, realça o princípio de que essas escolhas têm efeitos pessoais e sociais significativos. Nessa perspectiva, a Orientação Educacional para a formação ética torna-se também parte do processo educativo que investe na consciência de limites. Assim, a atenção a limites, conforme se propõem à Orientação Educacional, significa ressaltar o seu valor como parâmetros de conduta necessários aos indivíduos na sociedade, orientando, então, o seu entendimento como bens sociais.

Compreender os limites como bens sociais implica compreender a sua importância para que a liberdade de opções seja exercida de modo responsável e consciente, favorecendo relações sadias entre interesses pessoais e coletivos. Nesse ponto vale considerar a premissa de que o atendimento às aspirações comuns resulta e reverte-se em interesse de cada indivíduo. Nesse sentido, os limites ampliam, ao invés de reduzir, espaços e oportunidades de ser e viver no contexto da alteridade, valendo, portanto, lembrar o seu significado e sua importância para a vida social. Nesse sentido, os limites constituem temas relevantes da Orientação Educacional e de seu diálogo com os alunos.

> Os limites favorecem a superação de interesses autocentrados por interesses partilhados; de individualismos solitários, por individualidades solidárias; da inconsequência do autoritarismo, pela competência da autoridade; da inconsciência da arbitrariedade, pela consciência da liberdade (RANGEL, 2009, p. 11-12).

Por conseguinte, os limites são valores próprios da consideração à alteridade, à justiça, a princípios igualitários de preservação da dignidade humana nas relações sociais, incluindo, portanto, aquelas que se estabelecem no ambiente escolar, entre os que exercem funções de direção, supervisão ou coordenação pedagógica, professores, alunos, funcionários, construindo-se, também, elos de parceria e solidariedade entre escola, família, comunidade.

Toda essa argumentação encaminha-se para o reconhecimento da importância da ética, que se destaca no epicentro da formação humana para a vida cidadã. Desse modo, esse encaminhamento também se faz na direção do código de ética, que define parâmetros de conduta para a qualidade e dignidade nas relações sociais.

Por isso – e porque o código de ética é construído pelo e para o coletivo – a própria formulação do código é o momento de envolver as pessoas em reflexões e definições do que se faz e do que se pode fazer para o aprimoramento da convivência.

A formulação do código de ética poderá ser, então, um estímulo à aproximação de todos os segmentos da instituição, em vista de um mesmo propósito de refinamento de princípios e critérios do "agir em comum". O código poderá ser também um estímulo à avaliação periódica desses princípios e critérios, suas definições e sua prática, no sentido de possíveis e necessários aperfeiçoamentos. A Orientação Educacional, pela sua natureza mediadora, tem um expressivo papel de estímulo e liderança dessa avaliação.

Finalmente, vale lembrar que o código de ética é uma das características e requisitos das profissões e, portanto, da Orientação Educacional, legalmente instituída como profissão, e seu próprio código de ética pode, inclusive, ser disponibilizado à leitura da comunidade escolar no site institucional.

26

Onde está o orientador educacional na escola? Onde encontrá-lo? Qual é o lugar e o significado de seu "atendimento"?

Pode-se encontrar o orientador educacional em sua sala, na sala de aula, nos recreios, à entrada da escola, recebendo os alunos, e até nas próprias casas dos alunos, em situações que requerem atendimento domiciliar.

Com esse mesmo sentido amplo de presença pode-se compreender que a sala do orientador educacional significa mais que um espaço, um ambiente físico. Trata-se de um espaço, um ambiente que tem um expressivo significado humano, social, do lugar de acolher, ouvir, compreender, dialogar. Nesse lugar encontra-se alguém com quem se pode partilhar sentimentos, dificuldades, problemas, e encontrar receptividade e parceria.

A ambiência é o que flui do ambiente através das relações humanas que ali se estabelecem e se constroem. Uma ambiência positiva e estimulante traz energia, âni-

108 •

mo, esperança. Assim é a sala da Orientação Educacional. Ali encontra-se um profissional que está disposto a atender e ouvir.

O termo e ato de atender têm significados de especial interesse para o orientador e o propósito de sua presença no seu espaço de atendimento. "Atender", cuja origem etimológica está no latim *attendere*, incorpora significados de especial interesse à atitude a ser assumida no atendimento às pessoas que, por algum motivo, dúvida, tensão, procuram a Orientação Educacional. O significado literal das *ações* mobilizadas por essa atitude poderá, então, ser uma referência à forma e disposição de atender:

> [...] dar ou prestar atenção; levar em conta; ter em vista; considerar; atentar, observar, notar; prestar auxílio a; responder, responder pelo nome...; acolher, receber com atenção ou cortesia; dar atenção (freguês, cliente etc.), prestando-lhe serviço; servir; aviar; tomar em consideração; considerar; dar atenção a; dar audiência; deferir; ficar ou estar atento; aguardar, esperar; escutar atentamente (DICIONÁRIO ONLINE AURÉLIO, p. 1).

Volta-se, então, à sala da Orientação Educacional, para novamente refleti-la como espaço de atendimento a alunos, professores, funcionários, famílias; porque esse espaço é de escuta sensível, atenta, de auxílio, cortesia, serviço, onde o orientador aguarda as pessoas que procuram (porque precisam) ser ouvidas e qualificadas no que falam.

Para concluir essas reflexões sobre "onde se encontra o orientador educacional", volta-se a observar, mais amplamente, que, além de sua sala, de seu espaço específico, também constituem seus ambientes de presença e atendimento na escola todos aqueles nos quais os alunos circulam e que são frequentados por eles. Assim, reafirma-se, como princípio e proposta, que os orientadores podem ser encontrados nas salas de aula, nos corredores, nos pátios, enfim, em todos os lugares nos quais eles têm possibilidade de dialogar com os alunos, ou serem procurados por eles. É esse o sentido mais amplo dos espaços da orientação... espaços de acolhimento, encontro, inclusão.

27

O orientador educacional é um "especialista" ou um educador?

Para uma pergunta inconsistente em sua formulação, porque é inconsistente em sua premissa, uma resposta consistente e segura: a Orientação Educacional, por sua proposta e sua essência, é exercida por educadores. O qualificativo "educacional" refere-se à função, assim como ao processo e às ações de quem assume a orientação.

Nos argumentos que sustentam a prerrogativa da educação, que é foco e questão nuclear do trabalho dos orientadores, volta-se a considerar, entre outros, o das suas contribuições à formação dos alunos para a vida e a convivência pautadas em princípios de solidariedade e cidadania, lembrando-se, também, a natureza educacional dos fundamentos das práticas orientadoras.

Quanto às contribuições à formação dos alunos para a vida e a convivência pautadas em princípios de ética, solidariedade e cidadania, é oportuno levar em conta a abrangência socioeducacional e política do seu significado.

O conceito de cidadania acompanha a história em suas diferentes acepções e, hoje, quando falamos numa escola democrática, fica em aberto a questão da formação do cidadão para o mundo atual e futuro. A ação política da escola passa por dois aspectos: a socialização do conhecimento e a questão da democratização das relações da escola com a comunidade, da escola com a família e das relações internas da escola (GRINSPUN, 2001, p. 74).

Quanto à formação dos próprios orientadores, observa-se que os seus fundamentos são os que se aplicam a toda ação educativa, seja a que se exerce na docência, seja a que se exerce na orientação, constituindo-se como bases e parâmetros que sustentam essa ação. Nesse sentido, consideram-se, no conjunto dos fundamentos pedagógicos, algumas das bases e parâmetros de amplo alcance e significado na contextualização das práticas educacionais, a exemplo dos fundamentos de natureza filosófica, política, sociológica, econômica, psicológica, biológica, didática.

A filosofia, enquanto pensamento que se orienta por percepções críticas e perspicazes dos fatos e dos propósitos e intenções que os envolvem, é parte do processo reflexivo requerido à orientação. Esse processo vai além das aparências, para perceber a essência e causalidades das questões que chegam aos orientadores.

A política, enquanto ciência do bem público, subsidia as práticas dos orientadores, que são, fundamentalmente, de interesse social, assim como do coletivo da escola e dos que integram a sua comunidade educativa. O interesse coletivo é, então, priorizado, observando-se, também, que ele reflete o interesse de todos que participam da construção do Projeto Político-Pedagógico Institucional.

A sociologia oferece aos orientadores a visão da sociedade, de suas questões e apelos contemporâneos à educação, a exemplo daqueles inerentes ao respeito à diversidade, que é essência e valor da pluralidade social, realçando-se, então, a premência de superar os índices e impactos das desigualdades, em suas várias manifestações e efeitos.

As desigualdades, suas manifestações e efeitos, são também focalizadas nos fundamentos econômicos, subsidiando os orientadores em suas atenções a fatores e consequências da estratificação social, com grandes distanciamentos de níveis de poder aquisitivo e extensas camadas de pobreza, com consideráveis reflexos na qualidade de vida e nas diferentes condições de acesso ao conhecimento, de continuidade dos estudos e de permanência na escola.

A psicologia da educação e do desenvolvimento também se constitui como campo de estudos e práticas

• 113

dos orientadores educacionais, com aplicações em seu acompanhamento, suas observações cotidianas do desempenho e aproveitamento escolar dos alunos, assim como em suas formas de contribuições, apoio, diálogo e ultrapassagens de emperramentos que se apresentam na sequência dos anos de escolaridade e na evolução dos níveis de elaboração do conhecimento.

Assim como a psicologia, os estudos de biologia são requeridos às ações dos orientadores, no mesmo interesse do acompanhamento dos alunos, do seu crescimento orgânico e cognitivo, assim como das orientações sobre aspectos referentes à saúde do corpo e do movimento, e sobre as dificuldades que podem ser geradas pela extensão dos tempos de aula, nos quais os alunos estejam sujeitos à imobilidade e graus crescentes de dispersão, com prováveis prejuízos físicos e cognitivos.

Quanto aos fundamentos didáticos, a exemplo dos princípios de comunicação com linguagem clara e acessível, compatibilizada com o nível de escolaridade e interesses dos alunos, útil ao diálogo com professores, funcionários, famílias, e a exemplo também dos princípios de planejamento e avaliação dos projetos de orientação, de modo que estejam afinados com os princípios e metas do Projeto Político-Pedagógico Institucional, são também recorrências das ações dos orientadores em suas práticas educativas.

Essas e outras abordagens da essência educacional da orientação (uma essência que já é sinalizada na forma como se nomeia e identifica a função) demonstram que os orientadores, como educadores, têm um papel relevante nos processos formativos e no alcance dos propósitos de emancipação social, que são compromissos essenciais da educação e da escola.

28

Dimensões da tutoria como prática de Orientação Educacional nos cursos de graduação

A tutoria nos cursos de graduação é processo que, a par de suas especialidades, destina-se à Orientação Educacional de alunos. Esse processo tem, como em toda ação orientadora, dimensões humanas, existenciais, éticas, de princípios que presidem as condutas e as relações, assim como dimensões técnicas, de competência no "fazer" profissional e nos estudos acadêmicos que o habilitam, e dimensões sociopolíticas, de desenvolvimento e consolidação do compromisso com o público, com a *polis*, a comunidade. É oportuno abordar, em seguida, cada uma das dimensões.

Dimensões humanas, existenciais

O tutor estabelece com os alunos uma relação que é, essencialmente, de ajuda. Nesse sentido, não se excluem questões existenciais que são parte da natureza humana.

Assim, o aluno poderá, de forma espontânea, trazer ao seu diálogo com o tutor problemas que o afligem e que estejam interferindo em seus estudos.

Sem assumir o papel de psicólogo, ou "conselheiro", mas sim de amigo, aberto a esse diálogo, o tutor propõe-se, sobretudo, a ouvir, com respeito e consideração, o que o aluno tem a dizer. Possivelmente, haverá casos em que a orientação poderá indicar que o aluno recorra a um atendimento psicológico, ou até mesmo psiquiátrico. Essa indicação faz parte da relação de ajuda.

Contudo, encontrar no tutor alguém que o ouça com atenção e tranquilidade, que lhe oferece um tempo, sem pressa ou aligeiramento, é um valor existencial significativo para o aluno. Esse tempo é de ser ouvido, como também de ouvir-se, ou seja, de falar para o outro e para si próprio o que o aflige, da forma como percebe e como atinge o seu sentimento, o seu bem-estar, interferindo no curso natural de sua vida e, consequentemente, de seus estudos. Ouvir-se e ser ouvido são alternativas de buscar meios de superação de dificuldades.

Dimensões éticas

A ética é princípio universal das condutas. Na ética que preside a tutoria destacam-se princípios que orientam, nos atendimentos individuais, o sigilo, a confiabilidade, a preservação do anonimato, evitando-se que casos e ocorrências particulares sejam objeto de comentários ou relatos, em quaisquer circunstâncias.

Nos atendimentos em grupo, precedê-los com orientações éticas é um procedimento essencial. Essas orientações incluem o cuidado com as palavras, observando aspectos como o do seu poder de construir ou desconstruir as relações, o que recomenda usá-las, com prudência, em situações de discordância de ideias e opiniões, sejam de alunos entre si, sejam de alunos em relação a professores. A conduta orientada por princípios de atenção ao outro e de falar e agir com ele de forma solidária, com acolhimento e tranquilidade, também é tema de orientações que precedem o trabalho do tutor com grupos de alunos.

Dimensões técnicas, de competência no fazer profissional

O sentido de "técnica" não o limita ou reduz a "tecnicismo" (cujo entendimento pode referir-se a ações acríticas e descontextualizadas), mas sim ao sentido grego, original, de *téchne,* referido à forma competente de exercer o trabalho, considerando os seus requisitos de qualidade.

O conhecimento significativo, atual, de modos de exercer as funções de tutoria, é condição de competência. Essa condição é recorrente a estudos que fundamentem e atualizem os princípios e práticas do trabalho de tutores. A formação continuada também é um processo relevante à atualização e aprofundamento de estudos, recomendando a participação em eventos – congressos, seminários – que contribuem a esse propósito. Os encontros e diálogo com as famílias, por iniciativa dos tutores, serão também oportunidades significativas de estudo e troca de experiências.

Dimensões sociopolíticas

As dimensões sociopolíticas da tutoria incorporam, sobretudo, o seu compromisso com direitos humanos e princípios de consideração ao público, aos interesses coletivos. Realça-se, nessas dimensões, a atenção ao direito de acesso ao conhecimento e à qualidade dos processos inerentes aos cursos de formação, a ser assegurada aos alunos.

A tutoria, então, está envolvida em ações que têm o propósito de auxiliar o aluno em seu aproveitamento acadêmico, contribuindo, nesse sentido, à superação de suas dificuldades e à procura de melhores alternativas de estudos e disciplinas, de acordo com seus interesses. O diálogo dos tutores com os docentes poderá trazer expressivos subsídios nesse sentido.

Em tempos de cotas e ações afirmativas, os tutores também assumem uma especial incumbência de apoiar os alunos cotistas, de auxiliá-los em sua trajetória aca-

• 119

dêmica, de ouvi-los em seus possíveis impasses, de procurar, com eles, perspectivas e soluções e, sobretudo, de valorizá-los, não só ouvindo-os e acompanhando-os em seus desempenhos e resultados positivos, como também divulgando e realçando esses desempenhos e resultados junto à comunidade acadêmica.

Pode-se, portanto, ao concluir essas reflexões, enfatizar que, assim como na Orientação Educacional que se realiza na escola básica, a tutoria tem múltiplas dimensões em sua ação e que, em todas elas, destaca-se a relação, dialógica e colaborativa, com os alunos. É essa relação que constitui o cerne do processo tutor.

29

A Orientação Educacional na tutoria e na preceptoria no Ensino Superior

A tutoria no Ensino Superior constitui-se num processo de orientação de natureza educacional, acadêmica, aos alunos, cujas características de mediação e dialogicidade são semelhantes às da Orientação Educacional.

Nos focos das ações da tutoria incluem-se: o diálogo, individual ou em grupo, com os alunos, o currículo da sua formação profissional, as competências que são objeto da formação e requisitos do trabalho, o processo de ensino-aprendizagem, os resultados e possíveis dificuldades dos alunos nesse processo, a escolha de estágios, da monitoria, dos projetos de extensão, as formas e oportunidades de bolsas, o engajamento discente em pesquisas, as questões éticas, o relacionamento dos alunos com professores e colegas, e as questões pessoais que eles desejem partilhar com os tutores, ouvi-los e serem ouvidos por eles.

O diálogo em grupo tem o propósito de trocas de experiências, de aproximação dos alunos, de suas parcerias no estudo, nos estágios, nos projetos de pesquisa e extensão, assim como de ajuda mútua, que eles possam estabelecer. Não é interessante que haja muitos alunos no grupo, sugerindo-se um número entre 8 a 10, no intuito de melhores condições de escuta e diálogo. Com esse mesmo intuito, sugere-se que o tempo não ultrapasse duas horas. Grupos e tempos extensos podem causar dispersão.

A aleatoriedade é um bom critério de formação dos grupos, pois amplia possibilidades de conhecimento e aproximação dos alunos. Também é recomendável que se dê aos alunos um certificado de participação e que se estabeleça um mínimo de frequência para a sua obtenção, sugerindo-se o mesmo percentual mínimo adotado nas aulas, ou seja, 75%.

A durabilidade mínima de cada grupo também poderá ser definida, prevendo-se que seja de um ano, embora não se recomende o limite do tempo máximo de participação que, inclusive, poderá ser durante todo o curso, ou então durante alguns meses, conforme o interesse dos participantes. Os grupos poderão ser formados por alunos que estejam cursando o mesmo período, ou que estejam em vários períodos. Em ambos os casos, as trocas são significativas.

Quanto ao atendimento individual, ocorre sempre que os alunos desejem tratar, particularmente, de suas dúvidas, suas dificuldades pessoais ou acadêmicas, suas incertezas em escolhas de disciplinas, ou de participação em projetos e, até mesmo, as incertezas que possam surgir, ao longo dos estudos, sobre a própria escolha do curso e da profissão. O tutor definirá dia, horário, local e a periodicidade do atendimento, sugerindo-se que possa ser semanal, ou quinzenal, de acordo com a necessidade do aluno e a disponibilidade do tutor. A carga horária da tutoria, a ser computada na carga semanal dos tutores, será definida e formalizada pela instituição.

Quanto à preceptoria, enquanto função de acompanhamento e apoio a alunos em fase de residência médica, também se assemelha à Orientação Educacional, apenas com um foco mais acentuado em observação, acompanhamento e orientações relativas à prática profissional, assim como em processos que estimulem reflexões sobre circunstâncias do trabalho, suas necessidades, contextos, possibilidades e limites.

Desse modo, as ações de preceptores requerem promover oportunidades de análises, problematizações e discussões com grupos de residentes, com especial atenção à qualidade do desempenho profissional, levando também em conta as circunstâncias reais em que vão exercê-lo.

O exercício da preceptoria e a formação dos profissionais da saúde que vão assumi-la têm sido objeto de estudo e debate acadêmico:

A profissionalização da preceptoria não avançará se não for deliberadamente estimulada por políticas que incentivem e valorizem a formação dos preceptores. Precisamos de um referencial de competências que, mais do que instrumento reservado ao especialista da educação, se constitua como meio para os preceptores construírem uma identidade própria (AFONSO; SILVEIRA, 2012, p. 82).

Observa-se, desse modo, que a formação e ação dos preceptores têm um forte componente educacional e um foco relevante na qualidade pedagógica e social dos conteúdos e atividades da residência a serem conectados com os requisitos e os apelos concretos do campo profissional.

Observa-se, também, que os elementos da formação e a definição de competências dos preceptores ainda estão se construindo, podendo-se reafirmar que os estudos e práticas da Orientação Educacional podem ser referências e trazer subsídios relevantes nesse sentido.

Considerações finais

Ao trazer temas da abrangência atual de questões contemporâneas que solicitam dos orientadores educacionais suas atenções, suas práticas mediadoras e dialógicas, este livro também visibilizou a amplitude de suas ações, assim como a importância de sua presença no cotidiano escolar.

Os múltiplos problemas que tensionam a sociedade e as relações humanas, e que refletem nos alunos e nas ações dos orientadores são, entre outros, a separação dos pais, os casos de doenças ou morte na família, a convivência no contexto da diversidade e da relação com os "diferentes" das expectativas comuns de formas de inserção nos ambientes da escola, as questões sensíveis das identidades de gênero, o acolhimento dos deficientes físicos e mentais, os riscos e efeitos da exclusão socioeducacional e o empenho na inclusão, os alunos em situação de risco, a indisciplina, o *bullying*.

Também é amplo o âmbito temático das funções e ações orientadoras, incluindo, entre outros temas e processos, os de liderança, da resiliência, da atenção à sala

• 125

de aula, das relações humanas na escola, da orientação para o trabalho, das altas habilidades, do foco no aluno e seu acompanhamento durante a sua escolaridade, da orientação de estudo.

Ainda se insere nos temas e questões relevantes aos orientadores a discussão conceitual de seu papel, incluindo temas referidos à Orientação Educacional como especialidade pedagógica, à proposta de formação e contribuições da prática (em lugar da crença em "qualidades naturais" requeridas ao exercício da função), à Orientação Educacional como profissão, à Orientação Educacional no currículo, à ética, à tutoria na educação superior e à preceptoria na residência médica, como funções de Orientação Educacional.

É com muita confiança em seu trabalho que ofereço este livro aos orientadores e docentes que se dedicam ao processo educativo cotidiano nas escolas. Coloco, então, o meu e-mail à disposição de todos para continuarmos dialogando sobre a *Orientação Educacional e suas ações no contexto atual da escola.*

Mary Rangel
mary.rangel@lasalle.org.br

Referências

AFONSO, D. H.; SILVEIRA, L. M. C. da. Os desafios na formação de futuros preceptores no contexto de reorientação da educação médica. *Revista do Hospital Universitário Pedro Ernesto*, Rio de Janeiro, p. 82-86, v. 11, 2012.

BOFF, L. *Vida para além da morte*. 21 ed. Petrópolis: Vozes, 2002.

BRASIL. *Decreto nº 72.846, de 26 de setembro de 1973*. Regulamenta a Lei nº 5.564, de 21 de dezembro de 1968, que provê sobre o Exercício da Profissão de Orientador Educacional. Disponível em: <http://www.dji.com.br/decretos/1973-072846/1973-072846-.htm>. Acesso em: 26 jun.2013.

BULHÕES, R. R. R. Conselho Tutelar no Brasil. *Lex Humana*, v.1, p. 109-131, 2010.

COMENIUS, Juan Amós. *Didática magna*. São Paulo: Martins Fontes, 2001.

COSTA, L. S. M. da. *Abuso no curso médico e bem-estar subjetivo*. 2003. Tese (Curso de Doutorado em Psicologia

Social) – Faculdade de Psicologia, Universidade Federal do Rio de Janeiro, Rio de Janeiro, 2003.

CYRULNICK, B. *Resiliência*: essa inaudita capacidade de construção humana. Lisboa: Instituto Piaget, 2001.

CUPERTINO, C. M. B. Educação dos diferentes no Brasil: o caso da superdotação. In: CONGRESSO INTERNACIONAL DE EDUCAÇÃO DE ALTA INTELIGÊNCIA I, 2008, Mendoza. *Anais...* Mendoza: Universidade da Provincia de Cuyo e Instituto San Bernardo de Claraval, p. 70-71.

DELOU, C. M. C. Educação do aluno com altas habilidades/superdotação: legislação e políticas educacionais para inclusão. In: FLEITH, D. S. (Org.) *A construção de práticas educacionais para alunos com altas habilidades/superdotação*. Volume 1: orientações dos professores. Brasília: MEC/SEESP, 2007, p. 25-39.

DICIONÁRIO ONLINE AURÉLIO. Disponível em: <www.file://C:\Arquivosdeprogramas\Positivo\Aurelio\fl.htm>. Acesso em: 3 nov. 2012.

FERREIRA, A. B. de H. *Novo Aurélio Século XXI*. Rio de Janeiro: Nova Fronteira, 1999.

GEBELUKA, R. A. D.; BOURGUIGNON, J. A. Configuração e atribuições do Conselho Tutelar. *Revista Emancipação*, Ponta Grossa, v. 10, n.2, p. 551-562, 2010.

GRINSPUN, M. P. Z. Orientação Educacional: o quê? por quê? como? Uma revisão prática. In: CADORIN, H. de A. (Org.). *Orientadores em ação II*: vencendo pela persistência em fazer bem feito. Rio de Janeiro: ASFOE/ Sotese, 2001.

GROTBERG, E. H. *Novas tendências em resiliência*. Porto Alegre: Artmed, 2006.

_____. *Fortaleciendo el espirito humano*. La Haya: Fundación Bernard van Leer, 1985.

HENDERSON, N.; MILSTEIN, M. *Resiliência en la escuela*. Buenos Aires: Paidós, 2005.

LUFT, Celso Pedro. *Minidicionário Luft*. São Paulo: Ática, 2010.

METTRAU, M. B. A representação social da inteligência e os portadores de altas habilidades. In: _____. *Inteligência*: patrimônio social. Rio de Janeiro: Dunya Ed., 2000, p. 1-12.

MONTEIRO, y de O.; MARQUES, R. de O. S. Projeto: desmistificando as deficiências para inclusão x integração. In: CADORIN, H. de A. (Org.). *Orientadores em ação*: vencendo pela persistência em fazer bem feito. Rio de Janeiro: ASFOE / Sotese, 2001, p. 47-69.

OUROFINO, V. T. A. T. de; GUIMARÃES, T. G. Características intelectuais, emocionais e sociais do aluno com altas habilidades/superdotação. In: FLEITH, D. S. (Org.). *A construção de práticas educacionais para alunos com altas habilidades/superdotação*. Brasília: MEC, 2007. Disponível em: <http://portal.mec.gov.br/seesp/arquivos/pdf/superdotacao.pdf>. Acesso em: 9 set. 2013.

RAMIREZ, C. *Bullying*. Eu sobrevivi! Aparecida, SP: Ideias & Letras, 2011.

RANGEL, M. Ética e moral: valores essenciais da conduta e da formação humana. In: AMORIM NETO, R. do C.; ROSITO, M. M. B. *Ética e moral na educação*. Rio de Janeiro: WAK Editora, 2009, p. 7-12.

RYFF, C. D. Explorations on the meaning of psychological well-being. *Journal of Personality and Social Psychology*, v. 57, n.6, p. 1069-1081, 1999.

SALOVEY, P. et al. Emotional states and physical health. *American Psychologist*, v. 55, n.1, p. 110-121, 2000.

SILVA JUNIOR, J. A. da. Diversidade e educação: apontamentos sobre sexualidade e gênero na escola. In: *A escola diante da diversidade*. Rio de Janeiro: WAK, 2013, p. 69-105.

SILVER, H. A.; GLIKEN, A. D. Medical student abuse: incidence, severity and significance. *Journal of the American Medical Association*, v. 263, n. 4, p. 527-532, 1999.

TAVARES, J. *Resiliência e educação*. São Paulo: Cortez, 2001.

VEIGA, Ilma Passos. Projeto politicopedagógico da escola: uma construção coletiva. In: _____. *Projeto politicopedagógico da escola*: uma construção possível. 13 ed. Campinas: Papirus, 2001, p. 11-36.

YUNES, M.; SZYMANSKI, H. *Resiliência*: noção, conceitos afins e considerações críticas. São Paulo: Cortez, 2001.

FORMAÇÃO DE PROFESSORES
Teoria e prática pedagógica
Jacques de Lima Ferreira (org.)

Este livro apresenta o resultado de estudos realizados por pesquisadores da área da Educação, especificamente, no campo da formação de professores. Os capítulos deste livro evidenciam a teoria e a prática pedagógica na formação docente em sua complexidade, diante dos processos formativos de modo a evidenciar as relações entre teoria e prática.

Os estudantes dos cursos de formação inicial de professores relatam sobre a importância do conhecimento teórico em sua formação e enfatizam a necessidade de relacionar a teoria contextualizada com a prática. Os professores ao realizarem a formação continuada indicam como necessária essa relação no desenvolvimento do exercício profissional. Se baseando nessas afirmações esta obra apresenta possibilidades de se estabelecer uma articulação entre teoria e prática pedagógica com a finalidade de expressar novos questionamentos, reflexões e caminhos para a formação de professores.

É fundamental destacar a importância do trabalho do professor na escolarização, formação e humanização para promover mudanças na sociedade e este livro se torna indispensável para que possam ampliar seus conhecimentos em relação à teoria e à prática pedagógica na formação de professores.

Jacques de Lima Ferreira é doutorando em Educação pela Pontifícia Universidade Católica do Paraná. Mestre em Tecnologia em Saúde – Mestrado Interdisciplinar pela Pontifícia Universidade Católica do Paraná. Especialista em Metodologia do Ensino de Biologia e Química pelo Centro Universitário Uninter. Licenciatura em Pedagogia pelo Centro Universitário Uninter. Licenciatura Plena em Biologia pela Universidade Tecnológica Federal do Paraná. Graduado em Medicina Veterinária pela Universidade Tuiuti do Paraná. Dedica-se às áreas: Educação como principal, Saúde e Ciências Biológicas. Tem experiência em Biologia e Ciências no contexto Educacional, com ênfase em Bioengenharia, Biotecnologia, Biologia Geral e Histofisiologia do Reparo Tecidual, Regeneração, Anatomia e Fisiologia. Tem experiência em Medicina Veterinária, com ênfase em Gestão da Segurança Alimentar e Vigilância Sanitária. Tem experiência em Educação, com ênfase em Biologia da Educação, Metodologia do Ensino de Ciências e Biologia, Ensino e Aprendizagem, EAD, Ambiente Virtual de Aprendizagem e Meios Tecnológicos na ação Docente, atuando principalmente nos seguintes temas: Metodologia da Pesquisa Científica, Análise de dados Qualitativos e Quantitativos, Formação de Professores, Docência Universitária, Prática Pedagógica, Educação e Saúde e Atendimento Pedagógico ao escolar em tratamento de saúde. Atualmente é docente da pós-graduação Lato Sensu em Formação Pedagógica do Professor Universitário para atuar no contexto presencial e online, Alfabetização e Letramento e Educação Especial com ênfase em Inclusão da PUCPR. E-mail: drjacqueslima@hotmail.com